娱乐品牌营销

柴俊·著

企业管理出版社
ENTERPRISE MANAGEMENT PUBLISHING HOUSE

图书在版编目（CIP）数据

娱乐品牌营销 / 柴俊著. -- 北京：企业管理出版社，2019.5
ISBN 978-7-5164-1839-0

Ⅰ.①娱… Ⅱ.①柴… Ⅲ.①文娱活动－品牌营销－研究 Ⅳ.①F719.5

中国版本图书馆CIP数据核字(2018)第272809号

书　　名：	娱乐品牌营销
作　　者：	柴俊
选题策划：	周灵均
责任编辑：	周灵均
书　　号：	ISBN 978-7-5164-1839-0
出版发行：	企业管理出版社
地　　址：	北京市海淀区紫竹院南路17号　邮编：100048
网　　址：	http://www.emph.cn
电　　话：	编辑部　（010）68456991　发行部　（010）68701073
电子信箱：	emph003@sina.cn
印　　刷：	河北宝昌佳彩印刷有限公司
经　　销：	新华书店
规　　格：	165毫米×235毫米　16开本　13.5印张　180千字
版　　次：	2019年5月第1版　2019年5月第1次印刷
定　　价：	52.00元

版权所有　翻印必究·印装有误　负责调换

推 荐 序
无娱乐不营销

很高兴为柴俊的《娱乐品牌营销》新书做序。在互联网的冲击下,当下营销界面临着一场颠覆性的变革,作者认为娱乐品牌营销的本质是感性营销。互联网时代,无娱乐不营销,"娱乐"成就了很多伟大的公司,像我们熟悉的苹果公司,其营销的本质就是利用科技产品,比如 iPhone、iPod、iPad 等,让人们可以便捷地"娱乐"。

新兴的科技公司如此,就连传统行业亦如此。快餐巨无霸麦当劳,其创始人曾说"麦当劳不是餐饮业,而是娱乐业",它的娱乐品牌营销在于吸引更多家长带孩子去消费。麦当劳不仅是快餐,还可以给小朋友带去快乐。迪士尼是以给人快乐为产业的公司,其经营范围覆盖电视、电影、明星、消费品、英语、乐园等,但其营销核心依然是在"贩卖"娱乐。

不仅如此,"娱乐"还让很多品牌保持活力的形象。百事可乐每年花费巨资，采用娱乐的手段跟年轻人沟通，比如网络游戏、街舞、音乐、影视植入等；汽车品牌雪佛兰将美国大片《变形金刚》中大黄蜂的形象植入，让很多消费者对雪佛兰品牌印象深刻……

未来，所有的行业都将是娱乐业，企业本质上就是一个舞台，每个品牌都要学会"秀"出自己；未来也将是娱乐营销升华品牌的时代，甚至娱乐已经不是年轻人的专利，如今广场舞行业火爆，"中国大妈"这个消费群体的娱乐需求亟待挖掘。

互联网时代，娱乐品牌营销是任何企业都绕不开的话题，娱乐品牌营销可以说是"高歌猛进"。还有很多传统企业，害怕新事物，错误地认为是互联网抢了它们的"饭碗"，营销思想还是局限在传统的渠道当中，不思进取。不知道如何去进行娱乐营销传播，以及如何让品牌变得"娱乐"。

娱乐品牌营销的方式有很多，直播营销、网络视频、音乐营销、明星代言、电影营销、体育营销、印刷媒介、电视广播、比赛评选、旅游探险、艺术展等都属于这个范畴。当下各种选秀节目盛行，从《超级女声》《快乐女声》到《中国好歌曲》《中国好声音》《最美和声》等，它们的成功都在于一个跨媒体娱乐营销的成功，它们动用了各种工具和手段，包括电视、互联网、杂志宣传以及手机短信投票，形成议题设置，发挥不同娱乐传播介质的作用，在不同的媒介平台上提供不同的娱乐参与渠道与方式。

无娱乐，不营销；越娱乐，越畅销。你的品牌够"娱乐"吗？

推荐序

互联网营销来势汹汹,新兴互联网络大有盖过传统媒体之势。在如今瞬息万变的商界中,老一套营销技巧在网络时代早已力不从心,墨守成规很快就会被对手甩在身后。当我们的潜在客户一次次地与你擦肩而过的时候,很多企业人竟然不知道问题出在哪里,这也是决策者和营销者的痛点与课题。从微信到抖音,从整个商业边界与营销方式的变革看,娱乐品牌营销就是趋势。创造商业奇迹要掌握大的趋势。这是一个全民"娱乐"的商业时代,品牌准备好了吗?

京东创始人　刘强东

2019 年 3 月

前 言

在网络绑定生活、年轻一代成为受众主流的时代,"80后""90后"甚至"00后"早已对各种营销手段司空见惯,而品牌如何更好地搭载娱乐元素,与受众进行有效沟通,是每一位营销达人应该认真思考的课题。

当大家的注意力都集中在电影大银幕,被形形色色的广告和产品搞得头昏脑胀时,一部分品牌的营销人员却独辟蹊径,将目光聚焦在电视这个"小荧幕"上,制作了一系列有趣的节目,从冠名联动,到联合出品,到剧情"定制",将品牌价值全方位融入节目中,并形成广泛传播,使受众产生强烈的记忆与共鸣。总而言之,娱乐品牌营销是一种行之有效的销售手段。

我们大家不得不正视的事实是,泛娱乐化已渗入各行各业,渗入经济、文化、教育、科技等领域,这些行业提供的有形的产品或无形的服务,一旦打上娱乐的标签,就变成亲切的"隔壁大叔"。

我们所看到的是，娱乐营销已经成为当今传播界、营销领域最响亮的名词之一。它的成功有其偶然性，也有其必然性。正如某位企业家所说："用 20 多年可以造就一个比尔·盖茨，用 200 年无法造就一个微软。"细细思考，说得的确有道理。我们一般很难将一件事情的成功归于某一个人身上，它往往是众多因素综合作用的结果。娱乐营销也是一样，一些品牌仅靠那些所谓的明星在电视上唱唱歌、跑跑步、跳跳舞，就可以赢得观众的心，就可以将好产品宣传出去吗？不可能。如今市场竞争越来越激烈，要想真正做好娱乐营销，需要从媒体、产品、人力资源、现场环境等各方面综合考虑。一个成功的娱乐营销方案需要系统的思考、清晰的定位和整体包装，如果这些做到了，相信离成功便不远了。

娱乐营销之所以在近几年"红得发紫"，从宏观上讲，它与国家宏观经济的持续发展紧密相连。在众多一线、二线城市，人们已经解决了温饱问题，开始懂得并尝试着享受生活。娱乐自然是享受生活中必不可少的元素，随着人们生活观念的转变，以及社会新生代人群的崛起，娱乐营销有了坚实的群众基础和经济基础。

娱乐营销正在改变我们的营销格局。在这个体验经济时代，以消费者的娱乐体验作为基础的娱乐营销，对塑造企业和品牌形象，促进销售并实现赢利目标有着重要的作用，娱乐营销有时尚性、人性化、互动性和情感性等特点，可谓无坚不摧、所向披靡。

企业为了更好地运作娱乐营销方案，一方面需要将其并入品牌全年营销的框架之中，内部达成共识以争取资源支持；另一方面需要在植入及获得权益之后，投入相应的配套费用，进行后期营销工作。因此娱乐营销是有门槛的，除了企业共识、资源支持外，更多的是指一种营销手段。准备好了进行娱乐营销，让企业的产品成为社会话题，甚至是一些特定标签。只有具备了这种心态，才能将娱乐与营销完美地结合在一起，达到"润物细无声"的效果，让消费者开开心心地购买你的产品。

对于营销人员、策划者、媒体来讲，完全可以放松心情，以娱乐的心态对待营销。

娱乐营销是当下营销的新趋势，广告主们看到了娱乐营销能够给产品带来的价值，纷纷尝试这种新的营销手段。娱乐营销需要更多的专业指导，帮助其判断、选择和操作，并且让产品的营销与人们喜闻乐见的娱乐达到水乳交融的状态。

本书有关娱乐营销的各项论述，契合中国本土实践，从概念著述到案例阐释，既有理论研究的深度，也有战略谋划的高度，还有多行业剖析的广度，更有接地气的温度以及吸纳最新精彩案例的鲜度，集教材启智与实战悟道于一身，值得企业各级领导、从事营销工作的人员、热爱营销学的广大人士学习参考。

编 者

2019 年 3 月

目 录

○ 第一章
娱乐营销正在为企业创造多元化的价值 ……………001

第一节　娱乐营销的本质是感性营销 …………… 002
第二节　娱乐营销的两大特点 …………………… 006
第三节　提升企业知名度，打造美誉度 ………… 011
第四节　快速推广新产品，宣传新概念 ………… 015
第五节　提升企业竞争力，加强对客户的吸引力 …… 018
第六节　让客户更容易满意，更加忠诚 ………… 022
第七节　为企业创造利润，战胜竞争对手 ……… 026

○ 第二章
娱乐品牌营销从云端落地体现在五个方面 ………031

第一节　把握目标受众心理特点 ………………… 032
第二节　以创新的娱乐方式满足大众娱乐化心理 …… 038

第三节　引发消费者的积极参与、互动与扩散 …………… 043
第四节　深刻把握大众的好奇心理 ………………………… 047
第五节　把握舆论制高点，注重媒体传播 ………………… 051

○第三章
解读娱乐品牌营销本质的四大核心 ………………………055

第一节　娱乐品牌营销要强调创新性 ……………………… 056
第二节　树立"全员娱乐营销"理念非常重要 …………… 062
第三节　娱乐品牌营销离不开娱乐元素的整合 …………… 066
第四节　个性化，让消费者感受到轻松快乐的

　　　　产品体验 ………………………………………… 070

○第四章
让消费者"潜移默化"地接受品牌信息 …………………075

第一节　病毒营销：一种常用的网络营销方法 …………… 076
第二节　口碑营销：带来更多潜在客户 …………………… 082
第三节　文化营销：以人为本 ……………………………… 087
第四节　活动营销：整合有效的资源 ……………………… 092
第五节　植入营销：策略性融入影视剧或电视节目 ……… 096
第六节　话题营销：运用媒体的力量以及消费者的

　　　　口碑 ……………………………………………… 100
第七节　体验营销：渗透到销售市场的任一角落 ………… 106

第五章
娱乐品牌营销成功的四大策略……111

第一节　锁定策略：精确定义你所期望的客户群………112
第二节　扩展策略：拓展体验，给客户创造更多的机会………115
第三节　重复策略：创造一种客户和员工都想重复的体验………119
第四节　升级策略：让客户在购买产品后，继续投入更多的钱………123

第六章
娱乐品牌营销存在的问题及改善方法……129

第一节　娱乐品牌营销缺乏新意，仿效成分居多………130
第二节　方式不能有效触及目标人群………134
第三节　缺乏连续性………138
第四节　生搬硬套，文化内涵不够………141
第五节　恶意炒作，破坏公平公正………145
第六节　洞察娱乐需求………150
第七节　打造娱乐新平台………154
第八节　避免营销误区………157
第九节　制定营销策略的目的………163

第七章
在娱乐中享受快乐，创造奇迹……167

第一节　明星代言引爆"凡客体"……168
第二节　冠名/赞助：吸引眼球的娱乐品牌营销……174
第三节　活动营销：具有独特性和差异文化的营销……178
第四节　内容植入：极具挑战的娱乐品牌营销……182
第五节　将品牌进行娱乐化延伸和增加附加值……186
第六节　话题营销：考验创意的娱乐品牌营销……190
第七节　微电影：风头正劲的娱乐品牌营销……194
第八节　明星体引发造句热潮……198

第一章

娱乐营销正在为企业创造多元化的价值

第一节　娱乐营销的本质是感性营销

营销人员最关心的问题，就是通过产品去吸引更多的年轻消费者，但如何才能近距离地和这些潜在用户进行有效沟通？娱乐营销在过去几年的时间内迅速得到营销界的认可，那么，什么是娱乐营销？

德国诗人、剧作家席勒认为："只有当人充分是人的时候，他才能游戏；只有当人游戏的时候，他才完全是人。"

美国著名社会心理学家亚伯拉罕·马斯洛把人类的基本需要划分为生理需要、安全需要、社交需要、尊重需要及自我实现需要五个层次。人类对娱乐的需要在各个层面都有体现，为了生存需要健康的体魄，传统的单纯的活动方式已经被现代的娱乐活动所取代，娱乐产业能增进和维护人的健康，提高人的身心素质，从而促进劳动力在更高的素质上不断地被再生产。在风靡全球的消费主义、享乐主义影响下，人们越来越多地把闲暇时间用于消遣娱乐型活动上。

美国娱乐业顾问、经济学家迈克尔·沃尔夫在其著作《娱乐经济》中解释说，当今美国乃至西方社会，传媒娱乐产业正在以其无所不在的影响力，渗透到经济、文化及人类社会生活的各个层面。绝大部分的商品都在竭力吸引消费者的注意力，而"娱乐"则是其中屡试不爽的利器。消费者不管买什么，都在其中寻求娱乐的成分，能享受到乐趣的消费构成了"娱乐经济"。娱乐同空气、水一样无孔不入，成为人类基本的调适元素。

电视时代也将告别人们的目光，网络时代的到来让这种娱乐更为疯狂。综艺真人秀受到了大家的追捧，各种类型真人秀节目霸占屏幕，各种新闻演绎成娱乐……。人们的时间被移动互联网这个搅拌机所碎片化，而被粉碎后的时间越来越多地用于娱乐。

大批企业产品营销人员都会遇到这样一个问题：商品和服务逐渐失去界限，信息和媒体的传播不断被碎片化，消费者开始对营销信息产生视觉疲劳，思维变得迟钝，在这样一个信息高速传播的互联网时代，一个品牌到底使用什么样的营销手段才能够永葆青春？在社交媒体不断发展的时代，当大众消费者可以在互联网上任意发表评论，甚至开始对品牌采取娱乐化的手段传播信息的时候，品牌又如何与消费者进行沟通？如唐僧取经经历九九八十一难，企业领导者终于找到一种最有效的营销方式——娱乐营销。

那么问题来了，到底什么是娱乐营销？娱乐营销其实就是借助娱乐的精神或方式，使商品与消费者的情感产生联系，从而实现销售产品、建立忠诚客户的目的的营销方式。从娱乐营销的理念分析，其本质是一种感性营销，它不是从理性上去说服客户购买，而是通过感性共鸣引发客户的购买行为。这种迂回策略更符合中国的文化，因为它比较含蓄，不是那种赤裸裸的交易行为。

娱乐营销不仅成就了很多伟大的公司，而且还让很多品牌保持了一定的活力。例如，可口可乐公司每年花费大笔营销费用，与年轻人进行娱乐沟通，比如音乐、街舞、网络游戏、影视植入等；汽车品牌雪佛兰在变形金刚中植入大黄蜂的形象，让很多消费者对于品牌印象深刻；……斯科特·麦克凯恩在《商业秀》一书中指出："未来，所有的行业都将是娱乐业。"企业就像一个舞台，每个品牌要学会"秀"出自己，而未来也将是娱乐营销品牌升华的时代。

当一档节目或电视剧拥有了娱乐性之后，它被关注、接受、传播的可能性就会无限增加，这时候如果加以有力引导，营销效果将是非常显著的。

可以毫不夸张地说，"娱乐"已经被广泛应用于各种产品的营销当中了。许多企业借助明星元素，促进产品与用户之间的情感联系，其本质是一种感性营销，这种营销模式更符合人们的传统观念，更易于让消费者接受并主动传播。某品牌手机制造商为了加强宣传，促进营销，在一次新产品的发布会上，力邀三大时下颇具影响力的明星，为其新品手机圆梦拉票，拉拢了一大批充满活力与梦想的年轻人。该制造商的这种行为不仅为明星和"粉丝"营造了一种良性的互动环境，圆了年轻人的追星梦，提高了明星的知名度，同时也加强了年轻人对该品牌手机的认可度，扩大了宣传，可以说这是一次非常成功的营销。

在许多娱乐营销案例中，企业为了宣传自己的产品，将与之相关的产品内容植入影视剧中，也同样达到了良好的效果。例如，某电脑制造商在娱乐营销中，为了拉近与用户的距离，该企业营销负责人特意在微博上设计了一个互动环节，即在网络上传了一个与新款产品相关的微电影。同时，还发起了转发追随者盛典门票的活动，网友可以亲自参与其中并有机会与明星互动。该企业的电脑很快被人熟知，并且成为畅销产品。

实施娱乐营销的关键，是广告制作者对客户的娱乐消费趋势必须有一个清醒的认识，包括内容、平台、偏好、娱乐媒介的接触习惯等，家电、饮品企业在这方面表现尤其突出，他们借力娱乐事件营销手法十分成熟。从创造热点到借助热点，这类企业精心策划的营销事件，每一环节都扣人心弦，而且这些企业会在微博平台上与"粉丝"进行大量的互动，不仅拉近了与用户的距离，更让用户参与到与产品相关的娱乐事件当中，分享自己的所遇所感，既调动了用户的积极性，又扩大了传播覆盖面，实现了快速营销的目的。

伴随着移动互联网的迅猛发展，娱乐营销也乘上了"互联网+"的快车，进入了快速发展的智能营销时代。但是，并不是所有的企业都懂得进行娱乐营销，以及让品牌变得有娱乐趣味，从总体上来看，中国的消费者已经具备娱乐意识，但是很多品牌却很严肃，不敢娱乐。这种不敢娱乐的心态，实际上会导致品牌没有个性，不能带给消费者新鲜感。很多品牌甚至都不敢让消费者谈论，不敢开微博，不敢在互联网上听取消费者的意见，而很多品牌进行娱乐营销的尝试，也仅仅是搭顺风车的思路，比如，把某个品牌嫁接在某台节目上，希望能够借此提高影响力。但是，这样纯粹事件性营销的做法很难让企业品牌真正与消费者产生共鸣。

第二节 娱乐营销的两大特点

对一家企业而言,制造出产品就要拿到市场上营销,而关于产品的营销,改革开放 40 年来出现过多种形式,从传统的市场营销到网络营销,再到移动营销,在各个时期具有不同的特点。

传统的市场营销有以下几个特点:

(1)客观性。所有的企业都是在一定的社会经济和其他外界环境条件下生存和发展的。

(2)差异性。市场营销环境的差异性不仅表现在不同的企业受不同环境的影响,而且同样一种环境因素对不同企业的影响也不相同。由于外界环境因素存在差异性,因而企业也必须采取不同的营销策略,才能适应各种不利的情况。

(3)相关性。市场营销环境是一个系统,在这个系统中,各个影响因素是相互依存、相互作用、相互制约的。

(4)动态性。营销环境是企业营销活动的基础和条件,这并不意味着营销环境是一成不变的、静止的。

(5)不可控性。影响市场营销环境的因素是多方面的,也是复杂的,并表现出不可控性。

(6)可影响性。企业可以通过对内部环境要素的调整与控制,

第一章　娱乐营销正在为企业创造多元化的价值

来对外部环境施加一定的影响，最终促使某些环境要素向预期的方向转化。

网络营销具有以下五个特点：

（1）鲜明的理论性。网络营销是在传统营销长期的积淀、实践和探索的基础上发展起来的。网络营销理念吸纳了众多新的营销理念的精髓，但又不同于任何一种营销理念。

（2）市场的全球性。网络的连通性，决定了网络营销的跨国性；网络的开放性，决定了网络营销市场的全球性。在此以前，任何一种营销理念和营销方式，都是在一定的范围内去寻找目标客户；而网络营销，是在一种无国界的、开放的、全球范围内去寻找目标客户的。

（3）资源的整合性。网络营销在具体实践中，将会对多种资源、多种营销手段和营销方法进行整合，此外，网络营销还会对有形资产和无形资产的交叉运作与交叉延伸进行整合。

（4）明显的经济性。网络营销具有快捷性，因此，将极大地降低经营成本，提高企业利润。影响网络营销的经济因素有很多，如资源的广域性，地域价格的差异性，交易双方的最短连接性，市场开拓费用的锐减性，无形资产在网络中的延伸增值性，等等。所有这一切与网络营销有关的经济因素，如果能合理地利用并使其发挥最大效用，就会极大地降低交易成本，给企业带来经济利益。

（5）市场的冲击性。网络的进击能力是独有的。网络营销的这种冲击性及由此带来的市场穿透能力，明显优于传统营销。网络营销在进击时是主动的、理性的、自觉的。

移动营销具有以下两个特点：

（1）精准营销。通过精确的市场定位，颠覆传统营销定位只能定性的局限，借助先进的大数据技术、网络通信技术及现代高度分散物流等手段，保障与顾客的长期个性化沟通，使营销达到可度量、可调控等精准要求。

（2）用户黏性。APP本身具有很强的实用价值，用户通过这些应用程序可以让手机成为一个生活、学习、工作上的好帮手。APP营销的黏性在于，一旦用户将应用下载到手机，就会被应用中的各类任务和趣味性的竞猜所吸引，进而形成用户黏性。

娱乐营销不同于以往任何一种营销活动，它有两个特点：

（1）三位一体。实体、媒体、消费者三位一体。

（2）互动性。传统营销方式，如广告牌、宣传手册、电视等，只是一厢情愿地向未知的对象散发、灌输信息；娱乐营销属于体验营销的一种形式，它是通过一系列的活动使顾客在接触、感受中不知不觉地接受商品、品牌，主体是体验互动对象——顾客，体验和互动是过程，结果是要实现顾客对商品、品牌等的认可度和认购能力。

像手机、电脑、汽车这类产品需要大量的资讯和信息分享，消费者的潜在需求已经存在，铺天盖地的硬性广告不一定能够增加很强的消费需求，这就对企业的营销思路如何创新提出了挑战。

如果在消费者收集信息的渠道上做一些互动推动，比如在搜索引擎上、在网站的相关频道里，把企业产品或活动内容放上去，消费者有兴趣就会主动做出回应。

一个典型的案例是，沃尔沃通过通联传媒为旗下 S40、S80、C70 三款车型定制多种内容的互动数字视频。用户可以动态地了解沃尔沃汽车各个组件的构造和特性，自由搭配喜欢的车身颜色，用户在获取信息的过程中，通过新媒体视频、动作及声音效果的体验，对沃尔沃独特的"安全""新时尚"的理念会有更深刻的感受，在一对一的沟通中达到了很好的效果。沃尔沃通过与消费者的互动强化了品牌理念，同时也获得了用户关注点的宝贵数据；对于一些成熟的品牌来说，通过利用互联网相关的新媒体数字化、虚拟化的技术与消费者进行沟通，不失为一种促进营销的有效手段。

有人给"娱乐营销"总结了三条规律：

第一，品牌若无视消费者，消费者也不会购买你的产品。

第二，对年轻人而言，娱乐不仅是他们的生活，也是他们与世界对话的武器，代表了他们对这个世界的认知。

第三，所有娱乐营销的本质归根结底都是心智的沟通，从关注行为到关注态度的改变。

娱乐营销的方式有多种，其中包含与电影、电视、广播、印刷媒介、体育、旅游和探险、艺术展、音乐会、主题公园等相互融合的各类营销活动。比如众所周知的迪士尼主题公园，当你坐在小船上，年轻的水手为你摇船，送你进入魔幻世界，各种人物造型栩栩如生，欢歌笑语在你身边，此刻当你面对迪士尼产品或与之相关的服务时，怎么能够拒绝呢？因为它已是魔力的代言。

还有柏林的索尼中心，本身就是一个科技互动中心，来自世界各地的年轻人聚集于此，在体验高科技带来的新鲜与快乐的同时，早已不知不觉地认同了索尼的产品。

如果企业不想失去自己的客户，在这个竞争异常激烈的移动互联网时代想生存下去，绝对不可以再有任何迟疑了，企业领导者必须重视娱乐营销。

第三节 提升企业知名度，打造美誉度

当企业进入成长期时，提升企业知名度、打造美誉度是企业持续发展的重点。同时也要明白，品牌认知度不等同于品牌知名度。品牌知名度只是反映了顾客对品牌的知晓程度，但并不代表顾客对品牌的理解。顾客通过看、听，并通过对产品的感觉和思维来认识品牌。建立品牌认知，不仅是让顾客熟悉其品牌名称、术语、标记、符号或设计，更要让顾客理解品牌的特性。

目前，中国的众多产品是有知名度的，但品牌认知度方面异常薄弱，即顾客对国产品牌的整体印象远不如对国外品牌的认知度高，很重要的一个原因是企业没有传递给顾客一个清晰的、能满足顾客需求的核心价值和品牌个性。

要想提高品牌认知度，最重要的途径是加强与顾客的沟通。顾客是通过各种接触方式获得信息的，可以通过各种媒体的广告、产品的包装、商店内的推销活动，也可以通过产品接触、售后服务和邻居朋友的口碑来获得信息，因此，企业要协调运用各种形式的传播手段来建立品牌认知，为今后步入成熟期打下良好基础。建立、提高和维护品牌认知是企业争取潜在顾客、提高市场占有率的重要步骤。

例如，率先在国内使用娱乐进行营销的是全球日化巨头宝洁公司。20世纪90年代，宝洁就推出了集选美、娱乐为一体的宝洁

中国"飘柔之星"的评比。1994年、1995年宝洁推出的"飘柔之星"确实让国内企业大开眼界,直到2000年,我们依然能够看到丝宝集团的"舒蕾红星"含有"飘柔之星"的影子。

随之而来,大多数企业看到了娱乐营销的美好前景,纷纷进军这块未曾开垦的处女地。

诚然,娱乐营销的本质具有广告属性,但归根结底还是广告,只是将广告以娱乐的形式传递给消费者,从而让产品与客户建立起一种情感联系;而且,这是巧妙借势。娱乐营销是依托娱乐事件或者娱乐作品来让产品和品牌得到广泛传播;同是隐性渗透,娱乐营销更加隐性、含蓄。年轻的消费者群体对广告越来越具有免疫力,而娱乐营销的形式会让消费者乐于接受,从而释放出传播效果。娱乐营销正在为企业创造多元化的价值:娱乐营销可以快速推广新产品,宣传新概念;娱乐营销能提升企业的竞争力,加强对客户的吸引力;娱乐营销让客户更容易满意,使客户更加忠诚;娱乐营销可以让员工更加热爱工作,提升员工满意度;娱乐营销可以为企业创造利润,战胜竞争对手。

进行娱乐营销,要将重点放在提升客户的体验上,在体验的接触点注入娱乐的元素,想方设法为你的客户提供更多的娱乐。

借势明星效应是品牌娱乐营销中投入产出比非常高的一种策略。

《我是歌手》第四季从嘉宾阵容,到升级的赛制玩法,相比过往三季,都有过之而无不及。李玟、李克勤、容祖儿、张信哲、老狼、黄致列、徐佳莹，无论是原来具有强大号召力的明星，还是新晋得到关注的黑马，都拥有基数庞大的"粉丝"社群。

《我是歌手》第四季除了观看点播视频，"粉丝"还可通过弹幕向歌手、芒果经纪人提问，进行网络直播互动。

一位明星歌手为回馈"粉丝"，在弹幕互动中从夸赞他的"粉丝"里挑选了一名幸运儿，送上三牛饼干作为礼物，并调侃饼干品牌"'三牛'是指'牛、牛、牛'"，同时还配上一句"咖啡和饼干更配"，在互动中进一步强化了品牌记忆。

出道近30年的"情歌王子"张信哲，在《我是歌手》第四季舞台上，从《微光》《亲爱的小孩》到《平凡之路》，坚持表达真挚音乐的态度，收获了众多真爱"粉"及路人网友的点赞，尤其与经典歌曲《再见一面》糅合混编的《平凡之路》，更是让他一举夺得冠军。《我是歌手》第四季及张信哲等明星的超强影响力，为三牛食品的广告到达率提供了绝对保证。

舞台上，作为公认的"吃货"，张信哲总是零食不离手，他会跑几家店买心仪的饼干，会在机场狂拿特产，还经常把美食分给身边的朋友。对三牛食品而言，通过这位明星歌手来传递其品牌形象也是一种契合。

从网友参与程度来看，三牛食品此次选择《歌手直播间》实现品牌曝光，取得了很好的传播效果。以互动为核心，与环节自然巧妙地结合，不像硬广告那样令观众反感，反而更讨喜，且令人印象深刻。

大明星的推荐，与网友实时互动，三牛食品借势"粉丝"对偶像明星的狂热关注，引起"粉丝"自发传播、分享，引起更多人的关注及兴趣，进而成为品牌的直接受众，甚至作为口碑传播者实现多次传播。可以说，三牛食品试水娱乐营销初战告捷。

无可否认，娱乐不是企业专有的营销方式，但是在广告营销中加入娱乐的成分，便会成为一种新颖而独特的营销方法，对品牌形象和商品销售起到事半功倍的作用，带给消费者附加价值。

可以说，娱乐营销就是将娱乐的精神和元素，与整合营销的精神、规则结合起来，让消费者在娱乐的体验中对企业以及产品或服务产生好感和联想，从而感化消费者的情感、感动消费者的心灵，以期达到赢得市场利润的目的。

第四节　快速推广新产品，宣传新概念

对企业而言，都希望新产品能一炮打响。然而，很多新产品，特别是快速消费品在推广过程中早早地夭折，导致浪费大量人力、物力、财力。因此，需要正确地把握新产品的营销推广。

在这个信息爆炸的时代，娱乐新闻早已成为大家茶余饭后消遣的谈资。娱乐新闻是根据现代人的某种需要，生产出来供一部分人消费的信息产品。娱乐新闻大行其道，与中国的各种文化、社会因素存在千丝万缕的联系。新闻的娱乐化在内容上偏重于微小新闻，减少严肃新闻的比例，从严肃的经济变动中挖掘其娱乐价值；在表现形式上，娱乐新闻强调故事性、情节性，适度加入人情味因素，强化事件的戏剧悬念或煽情、刺激的元素，走新闻故事化、新闻文学化道路。与社会文化紧密相连，娱乐新闻生存的土壤也是文化生存的土壤，并且它在这个土壤里扎根更深。因为有广泛的关注度，所以某些明星千方百计地想要上"头条"。这让越来越多的企业忽然意识到，娱乐营销具有强大的引导作用。那么，对于许多企业而言，又该怎样借助娱乐营销的力量逆风飞翔呢？

娱乐与营销本是互不相干的两个领域，但二者组合在一起是必然的趋势，企业、商家都心甘情愿地成为娱乐的附庸，印证了尼尔·波兹曼"娱乐至死"的断语。在娱乐的社会背景下，许多企业雄心壮志，纷纷加入娱乐营销的行列，只有这样才能在短时

间内提升企业知名度和美誉度，起到快速推广新产品、宣传新概念的作用，同时提升企业竞争力，加强对客户的吸引力，让客户更加满意、更加忠诚，从而为企业创造多元化的价值。

综上所述，娱乐营销就是凭借种种娱乐活动，吸引消费者参与互动，将娱乐成分渗透到产品或服务中，从而促进产品或服务的推广，并取得良好的市场表现。

起用影视明星以娱乐的方式推销产品，的确能抓住消费者的眼球。以爱玛、雅迪为代表的大品牌却很少有模特出位，尤其是天津电动车展会和南京电动车展会，这两个品牌都没有起用模特，市场销量却遥遥领先。由此可见，尽管靠美女提升关注度是一个很好的思路，但根本的仍是品牌的影响力和号召力。

再以电动车行业为例，展会期间所能够使用的方式受到限制，但从前期的宣传以及后期的二次传播来看，娱乐营销其实是最好，也是性价比最高的宣传方式。比如小刀电动车，在南京展之前，通过各种号外宣传、利用抽奖互动等方式引起了用户的关注，再加上代言人李冰冰的一些娱乐新闻的放送，众多用户和李冰冰的"粉丝"踊跃参与，聚集了大量的人气，为展会的成功举办做好了铺垫。这种互动性较强的营销方式几乎达到了"零成本"，在南京展上，小刀电动车以绝对优势成为最大赢家之一。

小刀电动车采用了娱乐营销的方式，最大程度地迎合了经销商和消费者心理，并通过网络迅速将传播扩大化，引爆话题讨论。小刀电动车在市场营销中所取得的成功，娱乐营销这块"敲门砖"功不可没。

概括起来，娱乐营销已经成为企业创造利润的有效方式之一：娱乐营销能够在短时间内提升企业知名度，打造美誉度；娱乐营销能够快速推广新产品，宣传新概念；娱乐营销能够提升企业竞争力，加强对客户的吸引力；娱乐营销能够让客户更容易满意，使客户更加忠诚。

但是，如果把握不好娱乐营销的要点，就会给产品营销带来极大的风险。企业运用娱乐营销要讲究手法，不能生搬硬套，以防止客户产生抵制情绪，或者达不到加深客户印象的效果。只有当产品品牌与娱乐的结合符合逻辑，贴近客户的现实生活，才能深度地传播品牌价值，娱乐营销才能达到最好的效果。娱乐营销的成功案例是不能复制的，企业要始终保持清醒，审时度势，认真分析，结合自身的优势，寻找适合企业发展的娱乐营销之路，如此才能够创造奇迹，获得独具特色的成功。

娱乐营销正在成为企业持续发展的重要手段，尤其是对一些中小企业而言，要想成功就必须保持清醒的头脑，根据自身的发展现状，制定符合自身发展的娱乐营销策略。

相信在未来的某一天，那些有着创新意识的中小企业，一定可以利用娱乐营销创造出不一样的精彩。

第五节　提升企业竞争力，加强对客户的吸引力

在移动互联网时代，那些传统企业的规模、资产、销售渠道和销售人员队伍，已不再能帮助企业在竞争中处于优势地位。由于新竞争对手和新机遇不断涌现，企业必须创造出新的结构以适应变化需求。依赖于客户生存的企业，必须学会如何对待具有不同背景的顾客，并通过语言识别和人工智能等手段将技术"人性化"，以加强对顾客的吸引力。

随着竞争的日益激烈，企业间产品的界限越来越模糊，加上客户的消费观念逐渐理性化、个性化，企业从争夺"市场份额"转为争夺"客户份额"已是客观必然。对今天的企业来说，客户的需求就构成了市场，也成为企业获利能力的根源，客户的满意就是企业效益的源泉。如何留住客户、抓住客户，如何维持客户的忠诚度，并通过他们影响潜在用户、扩大市场份额，如何让客户感受到企业对他们的重视从而增进彼此的信任和感情，客户关系管理（CRM）引起了众多企业的关注。

从某种角度上来说，企业生存发展的过程就是不断寻求自己竞争优势的过程。几年前的竞争优势体现在新产品的开发与研究上，企业试图通过为客户提供质优价廉的新产品，确定在市场竞争中的优势地位；之后，企业又试图通过完善而周到的售后服务获得市场竞争份额。但严酷的现实使企业很快认识到，

新技术的发展使新产品的生命周期越来越短，而售后服务的易模仿性，又使仅仅依靠售后服务的优势在市场竞争中胜出几乎是不可能的。

研究成功企业的成长历程我们会发现，某些企业之所以能够在市场竞争中长盛不衰，在于其拥有一批信任并支持它们的忠诚客户，这样一种客户资源是任何企业无法轻易模仿的优势。因此，有学者指出，我们已经进入了客户关系时代。

当大多数中国企业开始从生产型企业向"互联网+"时代的企业转型的时候，娱乐营销以迅雷不及掩耳的速度登上营销舞台。相比其他国家，中国娱乐营销产业之所以如此发达，除动辄亿计的人口优势外，中国人本身喜好传播的特点也不容忽视，再有，娱乐营销本身的魅力以及手段之丰富，也是其他方式所无法企及的。

相比一本正经的宣传说教，娱乐性的网络消息反而更容易引起人们的关注，曾有一段时间杜甫的形象被大家恶搞和娱乐了一番。

在中学语文课本中收录有杜甫的名篇《登高》，文中配有杜甫侧坐望天的半身像，遭到广大网友的恶搞：一时间，杜甫时而"开完摩托骑白马，打完机枪卖西瓜"，时而变身为海盗、火影忍者、宠物小精灵等动漫形象，与他一贯的忧国忧民形象相碰撞，擦出了颇具喜感的火花。在60多万名网友的关注下，"杜甫最近非常忙"这一话题已盖过了当时的所有话题，连续几天在热门话题榜中占据第一的位置。

诗圣杜甫在那段时间火了，倘若他真能复活，如果不够豁达，这"大火"必然会让他"火大"。因此，连成都杜甫草堂博物馆都不淡定了，其官方微博在转发了一组"杜甫很忙"的涂鸦图后，配上了韩愈的《调张籍》一诗："李杜文章在，光焰万丈长。不知群儿愚，那用故谤伤。蚍蜉撼大树，可笑不自量……"

芸芸众生，大多是为"名""利"二字。杜甫已经去世了1000多年，既没有浪费资源，也不贪图名气，更不像某位皇帝的阿哥（很多影视剧以其为主角）能到处谈情说爱，自然也不会被名编名导拿来发挥，而且，也没听说哪里发现杜甫墓需要查验DNA，确定真假这类的消息，最重要的是，他没有时光机器，也没有被雷电劈到的机会，既不能穿越朝代，更不能穿越生死，"忙"这个字，跟他还真没什么关系。但杜甫如今"忙"了起来，对于营销人员来说，能够得到的启发就是——营销一定要有娱乐精神。

如果杜甫泉下有知，自己会爆红网络，能有什么感想呢？作为全民恶搞的对象，杜甫不是第一个，前面还有国人熟知的几位人物。这些人物的身份地位、生活年代各不相同，但都成为网民恶搞、消解的对象。恶搞无关乎"破坏圣贤形象"，更不牵涉"考虑历史地位"这样大是大非的问题。网民只是将杜甫画像当作恶搞的素材，并不涉及对杜甫本人的任何贬损。从某种方面来说，对于增加杜甫在现代学生中的了解度，以及让成年人回味杜甫的生平文章，都有"剑走偏锋"的积极作用。所以，对于"杜甫很忙"不必上纲上线，只是一次有趣的娱乐营销而已。

使用娱乐营销的"法宝"，房地产企业也不甘落后，在市场持续下滑而烦心得食不甘味之时，众多开发商开始通过此种手段展示企业活力和赢得市场的信心。在追求"娱乐化"风潮中，房地产企业的官方微博一般都有自己的卡通形象，新城地产做了自己的吉祥物 WOW&YES，合肥万科有包大人，当代置业有 MOMΛ 侠，万达做了万仔。有的企业还以自己的吉祥物为形象，制作了Q版的表情包，这都是为了将房地产企业加以趣味化、人格化，让高高在上的形象，变得更容易让客户接近。

娱乐营销是基于社交平台的沃土才发扬光大的，虽然早已有之，但不曾像今天这般辉煌。在当下互联网浪潮下，娱乐营销是企业品牌营销的最佳方式之一，巧妙的娱乐营销能达到事半功倍的效果。

第六节　让客户更容易满意，更加忠诚

企业在销售产品的时候，最大的困惑是如何做才能让客户满意。许多推销员都知道其中的道理，然而实行起来效果却大不相同。所以，"真正让客户满意"是一个系统的工程，每个环节都要做到位。

首先，企业要及时兑现自己的承诺。很多企业的销售人员对客户随意做出承诺，这就造成承诺的延期兑现，或没有兑现的现象。另外，销售人员做出的承诺超越了公司的底线，兑现的时候就出现了问题。销售人员应当经常查看与重点客户的沟通情况，保证有承诺必兑现。还必须记住，有效处理客户抱怨和投诉是非常重要的。积极解决客户抱怨，要注意保持投诉热线的畅通，还依赖于客服人员处理抱怨的灵活性和友好态度，等等。认真对待客户的抱怨，使用处理抱怨的规范语言、方法，如规定对客户抱怨的响应时间、处理方式等。

其次，销售人员还要定期收集客户的意见，发现客户关心的问题，并针对这些情况不断改进自己的服务。具体方法是通过客户满意度调查表，来评估客户对产品的满意度和忠诚度，发现工作中的"盲区"。

在营销的过程中，谁都希望客户对企业的产品忠诚。那么，什么是忠诚？就是面对同类竞争产品，客户更愿意持续购买你的

产品。怎样才能让客户忠诚呢？这是需要一些技巧的。首先，向客户提供好的产品与服务。客户觉得物超所值，会比较满意，并产生信任，自然就会重复购买。其次，经常关怀客户，与客户建立情感纽带。以母婴营销为例，当宝宝 3 个月的时候，要从之前所喝的一代奶粉改成二代奶粉，如果销售人员能以短信的方式提醒妈妈们注意此事，她们肯定会觉得很温馨，重复购买的可能性就非常大。

还要提醒的是，让客户通过多渠道（互联网、专卖店、邮购等）购买你的产品。使用多渠道的客户代表着他们与公司的关系非常牢固，并且能够体现公司的更多价值。

某企业负责营销的经理在对销售人员进行业务培训时，曾经说过这样一段话："把产品卖给客户，客户不会退货，并且会成为你的回头客，这才是真正优秀的销售人员。"使客户成为"回头客"，即忠诚客户，首先需要赢得客户的信赖。当销售人员和客户建立起相互信赖的关系时，才可能出现继续合作的机会，销售人员才可能获得大批忠诚的客户。

作为企业的一名销售人员，赢得客户的信任越多，客户对你的忠诚就越持久、越稳固，由此节约的销售成本就越多，如开发新客户的成本、产品宣传的成本等。当然，最终的结果是，你从中获得的利益就越多。这不仅包括销售产品形成的实际利润，还包括稳定的客户资源和无形的声誉资源等。

营销方式应该灵活多变，紧跟时代的步伐。过去那种生硬的、机械的营销理念已不适合新的市场环境，互联网时代的营销并不像代表大会上的人员那样严肃而面无表情。例如，电商会告知自己的每个客户："亲，要给好评哦。""包邮哦，亲。"营销无处不在，在表现形式上，它往往不是 MBA 课程里的拗口术语，在很多时候，那些英文缩写是敌不过一声充满娱乐性的"亲"的。

再以电影为例谈谈娱乐营销的威力。我们知道，华语电影在国际影坛的地位可以说等于零，这导致欧美、东南亚，甚至中东地区，每年都有大量优秀影片进入中国市场，中国电影业这块庞大的市场蛋糕，也演变成各路兵家争夺瓜分的对象；而观众又有无数个选择，国产电影如何与外来大片抗衡，成为国内电影人无法避免的问题，尤其对于小成本国产电影，想要突围成功，更是难上加难。

因此，每年的 4 月一般都是中小成本电影集中的黄金时段，这样就成功地回避了寒暑假和贺岁档商业巨制的前后夹击，也躲开了下半年进口大片的疯狂来袭。这个月份，拼的就是实力。《神马都是浮云》打着黑色幽默喜剧的旗号跌跌撞撞地闯了进来，与其他重量级的竞争对手一争高下，着实能看出出品方对影片的自信。该片讲述了一份天价茶化石引发众人找寻传说中的茶经的荒诞故事，天马行空的大胆创新与王小波式的诙谐幽默，让观众在"娱人节"中度过愚人节。虽然是喜剧，但台词的生活化与深刻性，还是会让人在笑过后产生感慨的，这就是黑色幽默典型的一种体现形式吧。或许换个心态，愚人节也可以变成"娱人节"。

一部好的电影必须有一个好的故事，一个好的编剧，当然，还要有一个对结构的安排有奇思妙想的导演。这并不算真正的成功，还要抓住时机，能让广大观众了解并认可这部电影，这才算真正的好电影。企业的营销也是如此，产品质量再好，如果没有优质的服务，没有深入人心的营销手段，也很难赢得消费者的认可，甚至很难继续发展。

在今天这个娱乐的时代，企业不能再站在自己的角度说产品如何高大上，而应该掌握娱乐的精髓，与用户一起娱乐，让用户参与到品牌的娱乐中，目的是让客户更满意，更加忠诚，从而开心地购买你的产品。同时，企业也要学会利用娱乐去实施营销，让营销衍生出更多的传播内容和介质，这才是营销产品获得利润最快捷的途径。

第七节　为企业创造利润，战胜竞争对手

谈到企业产品的营销，所有的企业都有一个共同的目的，那就是战胜竞争对手进而创造利润。达到目标的关键是采用哪种营销方式。

美国经济学教授、现代营销学之父菲利普·科特勒，将企业产品的营销历程分为三个阶段：第一个阶段是营销1.0时代，即"以产品为中心"的时代。这个时代营销被认为是一种纯粹的销售，一种关于说服的艺术。第二个阶段是营销2.0时代，即"以消费者为中心"的时代。企业追求与顾客建立紧密联系，不但要给消费者继续提供产品使用功能，更要为他们提供情感价值。企业需要让消费者意识到产品的内涵，并理解消费者的预期，然后吸引他们购买产品。如今，我们即将见证第三个阶段——营销3.0时代，即"以价值观为中心"的时代。在这个新的时代中，营销者不再把顾客仅仅视为消费个体，而是把他们看作具有独立思想和精神的完整的人类个体。"交换"与"交易"提升为"互动"与"共鸣"，营销的价值主张从"功能与情感的差异化"深化至"精神与价值观的相应"。从中我们就很容易理解为什么娱乐营销这么火爆，因为娱乐营销的起点与基石是相同的价值取向，其顺应了"以价值观为中心"的时代。

如今的营销市场大体可用三个词去描述，即"移动化""碎片化""场景化"。大家已经不再局限于每周、每月的固定时间里，

在固定的购物场所进行消费,而是转变为随心所欲的全天候、多渠道的消费,消费者可以在任何时间、任何地点,通过任何方式购买他所喜欢的商品。无论是智能手机销量的暴增,还是人们花在智能手机上的时间越来越长,都足以证明整个营销环境的移动化;而碎片化的特征就更明显了,人人都是自媒体,个个都是消息源,大家的注意力被分散在各个媒体。这也加剧了用户的三个碎片化趋势:消费地点的碎片化,消费时间的碎片化,消费需求的碎片化。

很多时候,娱乐营销的目的就是要触动消费者,因为人们是受环境影响的,所以一定要有匹配的情景。新技术的发展,让随时捕获这种情景变得容易,比如可匹配的市场,还有移动互联网和任意的广告屏幕,以及终端的无缝链接。因此,娱乐营销如何场景化,以及如何通过可以谈论的"内容+场景"的匹配,成为所有企业必须面对的问题。因为,只有产品能够制造出让消费者关注的内容话题,并通过不同的媒介制造出短时间内的话题场景,才能引爆品牌。

比如,以"90后""00后"为主的微信社交圈,他们都在广泛地使用一个新词——颜值。颜值即意味着一个人的长相或者说容貌是否能引起陌生人的注意。高颜值所带来的高浏览率,牢牢地吸引了用户的眼球。长得好看,谁都愿意多看一眼,这和车展上那些身材惹火的车模是一样的,随着散光灯的不断闪烁,伴随着一张张美颜曝光的还有模特背后的豪车,所以车展的各大展商在模特的造型设计上极尽所能,可想而知高颜值给产品所带来的天然高关注度。

娱乐营销面对移动化、碎片化、场景化的环境和个性化、社交化、娱乐化的消费主体，对于企业来说如何是好，又该怎样应对？首先我们要清楚什么是娱乐营销。娱乐营销就是借助娱乐活动，通过各种活动形式与消费者实现互动，将娱乐因素融入产品或服务，从而促进产品或服务取得良好的市场表现的一种营销方式。

娱乐营销面对移动化、碎片化的消费环境和个性化、社交化的消费主体，企业要想实现最大化地创造利润的目标，还必须满足"最小的投入，最精准的链接，最完美的创意"。哪种营销方式可以完美胜任呢？非大数据营销与内容营销不可。大数据营销解决最小投入、最精准链接；内容营销则以完美的创意实现朋友圈疯狂转发，比如曾经流行的"情怀辞职信"则属此样板案例。

那么娱乐营销面对碎片化、场景化的环境与社交化、娱乐化的消费主体，又该如何为企业创造最大的利润呢？

娱乐营销屡试不爽的武器是软广告。北京有一家名叫"海底捞"的火锅店，其出品、口味、价格与其他火锅店相比并没有特别之处，但每天客人爆满，原因在于服务员在服务的时候非常会娱乐消费者，耍呼啦圈、抛面团，总是花样翻新地逗消费者开心，开心就是价值。

娱乐营销解决碎片化中的娱乐化问题，比如杜蕾斯的"光大是不行的，薄是一定要出问题的"。场景化营销则针对碎片化和社交化的困局，以景触情，以情动人。比如斯巴鲁的健身会所广告就考虑到了与健身人群的场景匹配性："为你的坚持买单！"最后还有一个难题，面对碎片化的娱乐营销环境，社交诉求旺盛的消费主体可如何是好呢？兵来将挡，水来土掩，娱乐营销联手内容营销轻松应战，摆平社交化的消费需求，就是利用各种段子攻破碎片化的场景。如前段时间一夜火遍网络的"伟大的安妮"《对不起，我只过1%的生活》这条漫画。

总之，娱乐营销过程中碎片化的渠道、碎片化的时间、移动化的行为、个性化的价值观、娱乐化的诉求，决定了娱乐营销向场景化、数据化、内容化、社群化的趋势发展。至此，娱乐营销未来的发力点就是大数据营销、高品质内容、场景化匹配、社群化传播。

第二章

娱乐品牌营销从云端落地体现在五个方面

第一节　把握目标受众心理特点

世界上最难的两件事：一件是把自己的思想装进别人的脑袋里，因为这需要借助传播的魅力；另一件是把别人的钱放进自己的口袋里，因为这需要深厚的营销功力。企业要想把产品销售出去，获得利润，利用娱乐进行营销就是最佳之选，即把握目标受众心理特点，通过渗透的方式，潜移默化地影响消费者的意识，引导其购物决策和行为。

在"互联网+"时代，"娱乐"一词大行其道，人们的消费习惯和消费行为也在发生着重大变化。在移动用户逐渐年轻化、崇尚娱乐化的今天，娱乐品牌营销在汽车营销创新中的作用日益突出，《出彩中国人》《爸爸去哪儿》《奔跑吧兄弟》等一系列综艺节目的热播与汽车营销相结合，成为不容忽视的营销平台。

从市场环境来讲，虽然进入经济新常态时期，但竞争变得越来越激烈，产品服务也逐渐同质化，信息传播出现碎片化，消费者对营销广告的反应也越来越迟钝，如何在众多产品中有效"发声"并脱颖而出，成为很多企业在做好产品之外重点思考的问题。

从消费者来讲，购车主力人群为"80后""90后"，并且"90后"的决策力正在不断上升，即使不作为购车者，也会成为家庭购车的重要决定因素，对这些人心理特点的把握，决定着车企营销投放的有效性。他们成长于改革开放后经济及社会各个领域快速发展的黄金时代，是"娱乐至上"的一代，在他们看来，沟通方式和沟通平台都要"好玩"，更看重品牌的个性与自己的关联。加上当前大众的触媒习惯已经发生了重大改变，移动互联网平台变得日益重要。在众多传播方式中，娱乐品牌营销以其体验营销的外表，通过感性营销获得消费者的感情共鸣，对大众有着良好的传播效果。

从支持因素来讲，通过互联互通可以实现对用户群体的准确定位，对其触媒方式、消费意识、偏好因素等做到精准定位，在此基础上做出的传播方案，能够实现对用户群的精准营销，以提高效率。娱乐品牌营销通过用户画像、匹配传播平台，从而做到精准营销。

在成功案例中，娱乐品牌营销的优势与企业品牌文化、产品性能、目标客户群心理情感需求完美结合，引发受众的情感共鸣，进而使消费者参与互动，实现多赢。

其中，突出的案例包括长安汽车赞助《出彩中国人》与英菲尼迪赞助《爸爸去哪儿》。《出彩中国人》是中央电视台综合频道播出的一档大型励志公益节目，从2014年2月起首播第一季，节目以"出彩中国人，精彩中国梦"为口号，力图呈现选手身上最出彩并让人愉悦振奋、令人敬佩的精神气质，为"草根"提供一个实现梦想的舞台。

长安汽车对节目做了独家冠名赞助，通过将自己的品牌LOGO巧妙地植入"双手大拇指"V字手势中，并且贯穿整个节目始终，尤其是节目的几位知名评委也经常做出V字手势，长安汽车极大地提升了品牌形象和知名度，相当于明星代言的效果。在节目中，长安汽车积极传递正能量，鼓励人们追逐梦想，对品牌口号"前进，与你更近"进行了良好传播。《出彩中国人》的热播，使长安汽车的知名度迅速提升，也成为增长最快的自主品牌。

长安汽车和《出彩中国人》的合作，不仅提升了品牌形象，同时也获得了营销上的突破。紧密接合节目，长安汽车打造了"疯狂猜出彩""购出彩""出彩拼一把"等活动，反响很大。"出彩拼一把"活动在移动互联端推出短短几天时间，就聚集了逾万名节目忠实"粉丝"涌入答题。长安汽车在"对现实妥协还是抗争到底"的回答中，植入了"为梦想拼一把"的品牌调性，让消费者在"玩节目"的同时，认可品牌文化，使品牌亲和力不断增强；而在微信端主动分享的内容，也将品牌信息传递到数十万受众的移动互联网，这种娱乐营销创新模式带来了有效的品牌推广。

作为一家地方卫视推出的大型明星亲子生存体验真人秀节目《爸爸去哪儿》，可谓红遍大江南北。这个节目让剧中的小朋友们成为家喻户晓的小明星的同时，也让作为明星家庭用车赞助品牌的英菲尼迪的知名度迅速提升，成为一大赢家。《爸爸去哪儿》以创新视角对准亲子关系，而英菲尼迪第一季赞助车倡导"给自己和爱的他们，多一点时间与空间"理念，使二者内在契合并产生情感共鸣。通过为明星家庭提供座驾，航拍展示产品性能，英菲尼迪的品牌、产品形象得到了极大的宣传。对于许多人来说，在看过《爸爸去哪儿》之前，英菲尼迪还只是一个高端汽车品牌，而随着节目人气的攀升，作为节目中"星爸萌宝"专属座驾的英菲尼迪车，已经是饱含亲情的"移动之家"，而其有关"幸福"与

"关爱"的品牌情感特质也在观众心中留下了深刻的印记。

正是英菲尼迪认识到消费者的新变化，即由年轻化导致了产品科技化和消费体验化，选择了更适合市场的娱乐品牌营销，大打感情牌，从而取得了成功。好的娱乐品牌营销，能够通过整合营销，通过微信、微博、手机 APP、电视等多个平台进行宣传，达到吸引潜在消费者参与互动、广泛传播的目的，对应娱乐品牌营销"创新性、参与性、整合性"的原则。

出色的娱乐品牌营销来源于精准定位受众，立足于潜在消费者的情感、心理需求，在传播过程中创造个性化的体验和情感共鸣，这一点对应娱乐品牌营销的"个性化"原则。

在很多成功的案例中，精准定位用户群，立足年轻人的情感需求，表达敢想敢做、彰显个性、突破自我的诉求成为共性特征，其中就有《中国好声音》。这是由另一家地方卫视精心打造的大型励志专业音乐评论节目。作为专业音乐选秀类节目，其在赛制设计、投放平台、传播方式等各方面都选择贴近年轻人的方式，其中展现出来的追求梦想、执着拼搏和用心歌唱的精神风貌给更多追逐梦想的年轻人注入了"正能量"，吸引了大量关注，拥有包括"90后"在内的众多"粉丝"。

本田汽车公司非常注重营销理念，该公司推出的时尚大两厢车"飞度"，其造型时尚、空间实用，十分贴近年轻人的需求，尤其是第三代"飞度"在造型上有了进一步的提升。为了加大对该款车的宣传力度，本田公司下足了功夫，全力赞助《中国好声音》，也正是看中了其受众的高度重合性——其中大部分都是充满活

娱乐品牌营销

力、追求个性和注重分享的年轻人。每当节目主持人走出"飞度"、说着经典的开场白出现时，总能将观众的注意力引到"飞度"汽车上，极大地提高了产品曝光率。

优秀的娱乐品牌营销是通过研究消费者的心理，结合传播平台自身特点，能够将产品性能、特质自然地融入，达到"润物细无声"的宣传作用，从而引起受众的关注与兴趣。

在竞争激烈的车市中，一款全新上市的车型，其知晓度还比较低，甚至很多人还不知道车型的名字。那么，如何快速地让目标消费者知道这款车，从外形感官等方面了解这款车，并且有较为深刻的感知呢？上海大众凌渡赞助《奔跑吧兄弟》不失为一个好办法。

作为一档真人秀节目，《奔跑吧兄弟》是由七人组成的明星团队，每期另有明星嘉宾加入，参与竞技。这档年轻充满激情和正能量的综艺节目，在开播前就受到外界的高度关注。上海大众凭借精准的目标受众分析，在节目开播前成功签约，充分展现了新品凌渡动作迅速的产品形象，也给凌渡上市营造了良好氛围，有效提升了产品期待值。

凌渡是上海大众旗下第一款宽体轿跑，产品特质和节目特质契合。节目名为《奔跑吧兄弟》和凌渡的轿跑定位匹配默契，在预告片中反复出现的"跑起来，你能赢"的宣传口号也十分适合凌渡，广告词鼓励年轻人挑战自我、激发潜能，这也正是凌渡想表达的精神诉求。

在节目播出过程中，凌渡行车时大气的外观与精致的内饰多次出现在镜头里，塑造出轿跑的形象与气质；拍内景时，多次出现凌渡后排同时乘坐三位跑男团成员的镜头，画面中空间并不拥挤，乘坐感舒适，其中一期明星跑男以高竖发形象出现在后排，但头顶并没有触碰车顶，充分展示出后排的头部空间。这些卖点都不是通过理性的描述告诉受众，而是穿插在节目中，让观众自然体会到，具有良好的感官体验，从而引发了很多人的兴趣与期待，在凌渡上市之前已做好了预热。

由于节目内容新颖、活泼真实，《奔跑吧兄弟》第一季就创造了近30亿次网络点播量，微博话题阅读量突破130亿次，收视率连续14次位列同时段第一，整体表现领跑近百档新节目。第一季节目虽然已经下档，但热度不减。与此同时，凌渡的关注度也随之高涨，在上市后，市场热度达到最高点。

良好的汽车娱乐品牌营销需要做到精准定位目标客户群，把握其心理、情感需求，选择与品牌文化、产品形象契合的传播平台，综合运用多种传播手段，引起潜在用户的情感共鸣，在互动中加深认知，从而达到提升品牌影响力、提高产品知名度的目的。

第二节 以创新的娱乐方式满足大众娱乐化心理

在这个信息泛滥的时代,如何让娱乐大众发挥到利益最大化,是所有节目制作者最关心的事情。有人片面地认为,传媒业充其量不过是工具而已,娱乐业才是现代更赚钱的产业。报纸、广播、电视、互联网的相继出现,目的就是让信息传播得更快,让信息更系统化,尽最大努力去满足大众普遍的消费需求。一个值得注意的变化是,如看电影、阅读、听音乐、玩手机等,几乎所有的"精神消费"正逐渐变成仅为满足某种好奇、关注、消遣或无聊情绪等所形成的心理消费。

经济发达地区,如沿海地区,其娱乐业必定是成熟的。那些明星偶像以及与之相关的表演,无可否认地成为人们的消费品,因为今天人们的精神消费与对娱乐产品的心理消费已无法分开。这正是一种以演员为中心的充满创新和恶搞的表演方式,大家看后觉得很开心。如图 2-1 所示。

各种媒体从业人员都非常清楚,人们对娱乐有着无法满足的欲望,各类媒体制作者就直奔明星、偶像的花边点滴,于是人们就有了"八卦"谈资。在这一系列运作中,各个环节相互依存,因为大众有着无底洞一样的心理需求,而节目在时间和空间上又有一定的局限性,使得这之间的较量变得更有趣味——大众的胃口被吊起,娱乐的链条就要循环下去。

图 2-1　创新式娱乐方式幽默趣味图

在娱乐化营销异常火爆的互联网时代，各类产品无不披起娱乐化的外衣，希望凭借这一消遣的方式吸引人们的眼球。然而，消费者在购物习惯渐渐出现变化的同时，也可窥见中国市场上品牌竞争发展的激烈态势。由此，如何在娱乐化营销市场上赚得盆满钵满，为自身品牌开创新纪元，也就成了产品的营销之路。2018年已过去，在2019年的中国营销市场里，谁已悄然成功撬开了新一轮的娱乐化营销之门？

其实早在2005年的《超级女声》已经成功撬开了新一轮的娱乐化营销之门。作为一家地方卫视的一档文艺节目，它已经成为中国引人注目的全民娱乐事件，赞助商蒙牛集团在全国各地狂热的"超女"们的追捧以及《酸酸甜甜就是我》的歌声中，知名度与关注度暴涨。

作为地方台的一个综艺节目，为什么能够引起人们如此大的兴趣？当我们深入探究《超级女声》的整个运作过程时不难发现，这个节目的成功精髓就是把握住了娱乐的本质，将原属小范围的娱乐、单向的娱乐、简单的娱乐变成一种全民性、互动性内容丰富的娱乐，而对于此次娱乐运动的营销化运作，则将《超级女声》推向了前所未有的成功。

《超级女声》的大出风头，让那些精明的企业家们认识到了娱乐品牌营销的威力：当你有力量搅动起大众娱乐情结时，通过出色的娱乐化活动或娱乐化方式，迅速吸引数以百万计的大众的关注度，成功就会成为一种相应而来的副产品。在知名度提升、新产品推出、美誉度打造上，娱乐品牌营销的超级攻势都发挥了重大作用，汽车、房地产、手机、通信等多个行业纷纷启动娱乐品牌营销。

在传统广告的路越走越窄、互联网大行其道的时代，某饮品企业娱乐品牌营销的成功给许多厂家提供了一种新的营销思路：企业可以借助对时尚文化潮流的把握，进行营销突围，而娱乐品牌营销就是其中最有效的武器之一。

近几年来，谁是网络上知名度最高的人物？哪家企业能够在不投入一分钱广告费的情况下获得大众的注意力？哪个营销员能够凭着出色的营销技巧，在一清二白的基础上迅速获得消费者的追捧？一些女孩凭着近乎狂妄的网络娱乐秀，迅速吸引了无数网民的关注，人们带着好奇、嘲讽的心态观赏她们的娱乐秀的同时，也牢牢记住了她们的名字。在很短的时间内，这些网络上的名人就从虚拟的网络世界延伸到大众的现实生活中，从校园 BBS 延伸到全国各大主流媒体之上，其在网上的受关注度甚至超过了某些知名歌星。

很多企业对产品的宣传也达不到这些网络名人的知名度，即使达到了，也是凭着巨额的广告费用打造出来的，与之相比，那简直是不值得一提。所以，如何以最少的投入在最短时间内获得最高的注意力，这一点值得深思。这些网络达人没有背景、没有突出的专业技能、没有漂亮的脸蛋，也没有钱，但是他们通过对成名方式的创新，克服自己的劣势，在这个充满竞争的社会中让自己脱颖而出，娱乐化地营销自己并取得成功。

这与企业的营销有着许多相似之处，如果企业想利用娱乐品牌营销再创佳绩，首先要考虑的就是娱乐方式的创意性，在立足企业自身资源及优势的基础上，把握住大众埋藏深处的娱乐神经，以创新性的娱乐品牌营销方式吸引大众注意力。可以说，娱乐化营销要取得成功，除了创意之外，对事件进程的把握同样非常重要。我们看到，在进行网络娱乐秀时，这些网络达人对于整个进程的把握是非常到位的：不是先告诉别人他们是谁，或者是一次性地将所有照片全部贴出，而是像章回小说一样，分阶段、有目的地按时推出，这样做的好处就是创造一种悬念式的连续，人们在满足窥视的好奇心之后，又对下一次的窥视充满了期待。对于大众好奇心理的准确把握，是其成名的关键一步。

许多企业在利用娱乐品牌营销这一法宝时，只在意娱乐，却忽视了娱乐的目的是销售商品，最终造成反效果。曾有某品牌手机为了进行产品推广，赞助某位流行歌手的演唱会，并推出激励措施：无论是谁，只要是上台能够让观众笑，即可获得厂商赞助的手机一部。一位女生上台后居然对准话筒学狗叫，当即引来全场一阵哄笑，奖品被她拿走。本来，手机厂商希望借助这位流行

娱乐品牌营销

歌手的个人魅力,吸引更多的终端消费者关注该手机品牌,提升品牌的知名度和美誉度,但是,大煞风景的狗叫无疑让厂商的高额赞助费打了水漂儿——知名度是上去了,但是美誉度下来了,对产品品牌形象产生了负面影响。

想利用娱乐成功实施营销,看似是一件容易的事情,其中却隐藏着层层玄机,能否得到媒体的支持决定着营销的成功与否。一位早期的网络名人在进行娱乐秀时,所选择的传播渠道就是北大、清华的BBS——两个全国最具影响力的BBS,从而占据舆论传播的制高点,再通过这两个宣传渠道的自发传播与转载,将自己的信息传播到其他网络媒体与平面媒体上面,同时,她主动约请,接受北京几家大媒体的采访,进一步提升自己的知名度。高端媒体传播渠道的选择,也是她迅速蹿红的重要因素。

娱乐品牌营销是娱乐在前、营销在后的销售方式,并不是为了娱乐而娱乐,而是要把营销贯穿其中,企业要借助娱乐迅速打造美誉度。这位网络名人的成名,给企业上了一堂深刻的娱乐品牌营销课:在市场营销中,成功的关键不在于基础如何,而在于对消费心理的准确把握以及营销方式的创新性。

第三节　引发消费者的积极参与、互动与扩散

家中有小孩的人都有过这样的经历：孩子在路上跌倒时，若左右一看没有大人在身边，也不会哭，自己爬起来一点事也没有；如果他发现有大人在身边，便会放声大哭，你哄半天也不见得能哄好他。这与娱乐品牌营销有些相似。

我们知道，有些企业通过娱乐品牌营销的途径树起了自己的品牌，而且从中大赚一笔。娱乐营销的根本内涵，如同小孩子向大人哭一样，就是引发消费者的积极参与、互动与扩散。例如过去的2018年，营销界风云变幻，但综观整个传播大局，让人有点"乱花渐欲迷人眼"的感觉，首创、颠覆的营销口号犹如冬天里城市的雾霾一样无处不在，各个企业竭力宣传，但效果并不理想。与客户零距离接触，引起他们的积极参与进而销售品牌，绝不是依靠企业自身就能做到的。跨越PC互联网的边界，构筑全民参与的营销生态圈，借力终端互动重点发力，这些依靠互联网传播取得亮眼成绩的营销主体再次证明：让消费者积极参与，才是营销成功的唯一法则。

怡宝专注于"纯净"，王老吉则在众人面前大谈"互联网+"的种种好处，蒙牛真果粒讲"乐趣"，等等，这都是以娱乐促营销的常用招数。其中蒙牛真果粒冠名《花儿与少年》第二季表现不俗，仅微博话题阅读量就已高达61.9亿次。着眼其传播历程不难发现，这是一场以节目冠名为中心、通过消费者互动进行扩散、

以"乐趣"为内容核心的娱乐品牌营销。它立足的基础是深入了解消费群体，只有深挖出消费者的真实需求，传播才能精准，才有针对性。

想利用娱乐进行营销的企业，需要做的就是，在开始的时候计划好如何吸引消费者的参与。比如，蒙牛真果粒为自己的消费者画像：碎片化，追求简单的开心，喜欢新鲜事物，庞大的指间一族，对喜欢的人或事十分执着……。在此基础上，大胆将品牌理念延伸至"乐趣"，通过品牌整合营销将产品带来的愉悦享受放大至年轻人的生活细节。"乐趣"一词不仅贴切表达了产品所带来的完美体验，更能第一时间触动消费者的神经，让他们感到"这个品牌有意思"。在与消费者产生共鸣的同时，品牌集聚了全民的注意力。蒙牛依托"乐趣"理念进行整合营销，扩大了受众的参与程度，加强了营销热链的传播。2015年伊始，真果粒就高调签约李易峰为全新代言人，随后，又独家冠名《花儿与少年》第二季，依托与节目的最佳契合点抛出"趣旅游"概念，将乐趣融入体验，在线上线下的整合营销中完成了高难度冠名植入。蒙牛真果粒以消费者为核心，做到资源整合能凝"神"，还将消费者"卷入"营销中，使整个营销布局有规律、有节奏。

娱乐品牌营销看似简单，却是产品营销中最难把握的，它要求企业或产品策划者具备超强的前奏准备能力。此次真果粒的成功营销，主要是依靠娱乐品牌营销吸引广大消费者的参与：第一步，推出李易峰版真果粒新版包装，"国民小生"生动有趣的Q版"趣旅行"形象，一经上市便掀起购买热潮；第二步，内包装上推出《花儿与少年》节目官方手机游戏二维码，购买的同时只需轻轻一扫,不仅让消费者喝到"乐趣",更玩出了乐趣;第三步,购买整箱新包装真果粒即可参加"趣旅游"的抽奖活动,中奖率高达100%。通过多维度终端联合的营销布局,让"看'花少'(《花儿与少年》)、喝真果粒、玩手游"成为年轻人的新时尚,用品牌的积极理念影响年轻受众并渗透到他们的生活中,成功构建了属于真果粒的全民"乐趣"互动营销生态圈。

对于营销,很多策划者自然会想到靠影视明星吸引消费者的参与,比如利用男女明星的新闻来对新的影视作品进行宣传推广,如果细心研究,你会发现,这是一场经过精心策划的娱乐品牌营销。如果你懂得营销学的话,就可以从中品出一些特别的味道。因为这些新闻很容易引起公众的兴趣,所以很多策划人员乐于此道。通过分析事件发展的前前后后,你会清晰地了解,这就是一种典型的娱乐品牌营销模式,它借助娱乐的元素建立产品(电视剧)与客户之间的情感联系,从而达到销售宣传的目的,让我们在不知不觉中接受他们"一切按计划进行"的营销宣传。因为娱乐品牌营销不是通过理性去说服你认可,而是通过感性共鸣引起你的关注。

策划这场营销的人一定是个品牌营销的高手,因为他非常熟悉娱乐圈中的是是非非,而观众未必明白没有一件事是空穴来风,如果你有能力揭开它的面纱,就会发现这对男女明星符合娱乐品牌营销的五个特点:

(1)把握目标受众心理特点——追星一族。

(2)以创新娱乐方式满足大众娱乐化心理——好奇围观。

（3）引发消费者的积极参与、互动与扩散——声讨指责。

（4）对娱乐品牌营销进程的深刻把握，深度把握大众的好奇心理——有的放矢。

（5）把握舆论制高点，注重媒体传播——按计划进行。

这样利用娱乐新闻进行产品营销的效果的确非常理想。换句话说，娱乐品牌营销的关键在于让公众无声无息地接受与明星相关的产品信息，不是傻乎乎地只知道去推销产品。通过明星的宣传，加强产品对客户的吸引力，来达到营销价值最大化的目的。当年乔丹来到北京，无数球迷数十小时地守候，等着"看"乔丹一眼。那一幅幅狂热的画面，那一双双饱含热情的眼睛，实在让人看得有点不忍。不少媒体身不由己地加入讴歌乔丹的"大合唱"中，让人感觉在乔丹来中国的日子里，不说说乔丹的事，仿佛就是可耻的。乔丹来中国是干什么的？是来做推销的，是替耐克公司推销商品的。

娱乐品牌营销的关键因素是"人"，即最大程度地吸引消费者的参与，使产品营销真正做到与消费者的有效对接。通过引起消费者的注意力，将产品成功地送到消费者的手中，这也正是全民参与营销生态圈的内涵。业界公认的品牌打造，正是这样炼成的。

第四节 深刻把握大众的好奇心理

美国的娱乐经济大师迈克尔·沃尔夫曾说过:"在这个消费者的时间如此之少、口味又如此善变的世界里,企业应该如何吸引消费者的注意呢?一旦抓住消费者的注意力,企业可以加进些什么来提高产品的价值,使产品更具吸引力?答案只有八个字:'娱乐内容'和'娱乐要素'。"

娱乐品牌营销如何才能成功,这是所有商家绞尽脑汁想做到的事情。这些商家们都记住了娱乐品牌营销的关键:要深刻把握住大众的好奇心理。因此,他们纷纷打起了娱乐明星的招牌。

企业在选择营销方式时,首要考虑的已不再是如何提高品牌知名度,而是如何能够进一步贴近目标群体。2017年1月,新剧《放弃我,抓紧我》登陆南方一家卫视的独播剧场。该剧自开播以来,牢牢占据收视冠军的宝座,充分证明了其强大的影响力;而其冠名商是一家饮品企业,凭借精准的目标人群定位和灵活的内容定制,获得了丰厚的营销收益。

无论是受众群体,还是内容倾向上,该饮品企业均与《放弃我,抓紧我》完美契合。在植入形式上,饮品不仅创新性地使用了"创可贴式广告",更是在线下邀请剧中演员玩转明星直播,打造出创新、高效的娱乐品牌营销新模式。

"直播"是时下热门的营销方式之一,该饮品企业也紧跟潮流,大胆尝试直播新玩法。《放弃我，抓紧我》一剧中，霸道女强人"Tiffany"的扮演者与甜美女星"珍妮"的扮演者，先后在直播平台上与该饮品同屏亮相，赚足了眼球。

2017年2月的NBA全明星名人赛，星光耀眼。你想看NBA名宿，有拜伦·戴维斯和杰森·威廉姆斯；你想看篮球名将，有奥运会总得分王奥斯卡·施密特；你想看民间篮球高手，有模仿高手；若是你对WNBA的巾帼红颜感兴趣，女飞人坎迪斯·帕克无论颜值还是球技都不会让你失望。

NBA为什么要办名人赛？那是因为大有经济文章可做。名人赛，顾名思义，参赛的都是明星，有NBA退役名宿，有娱乐大腕，有体坛名将，不仅是娱乐和体育明星重视名人赛，政界名流也乐于在名人赛上展示运动风采。总而言之，就是各行各业的名人携手出战，在篮球场上奉送一场充满欢乐的比赛。

与娱乐圈积极互动，这是NBA一向坚持的方针，娱乐明星能够为NBA带来精彩的表演，而且明星们"粉丝"数量庞大，能够为NBA提供更多的关注。从营销心理学角度来讲，这是一种移情效应。所谓移情效应，就是爱屋及乌，心理学中把这种对特定对象的情感迁移到与该对象相关的人或事物上来的现象称为"移情效应"。某著名体育营销专家分析："娱乐明星有自己的'粉丝'，也就是他们的受众群，这与体育明星一样。娱乐与体育相结合，可以令喜欢娱乐明星的'粉丝'对体育赛事产生好感，同样体育迷也会对娱乐明星增加认同感。娱乐与体育的联合，可以令双方的支持者相互融合，两方面的市场都得到开拓，产生双赢效果。"

NBA名人赛有一个潜在的目标市场，那就是女性市场。商业体育往往将目标消费群局限在男性，而实际上女性的购买力往往更强大，尤其在崇拜偶像时，高消费也在所不惜。NBA当年请美国娱乐圈明星参赛，对于女"粉丝"的经济杀伤力很大。如今，NBA连续两年请国内一位明星出席比赛，今年又力邀一位明星加盟名人赛，其背后是消费潜力巨大的女"粉丝"市场。

早有分析人士指出，NBA对于篮球迷群体的市场开发已经接近饱和，联盟想要在商业上有更大的发展，就必须尝试将其他领域的"粉丝"拉过来，娱乐"粉丝"群无疑是首选。让那些以前不看球的娱乐明星的"迷弟迷妹"们关注比赛，进而成为潜在消费者，这是NBA在新时期的新举措。

这几年，真人秀节目不断走俏，明星产生的娱乐品牌营销效应也越来越强，而"粉丝"们在追星、追演唱会的同时，开始全盘接受明星们的一切，包括明星喜欢的品牌服饰，明星喜欢的汽车，等等。在大众触媒习惯发生重大变化、媒体受众逐渐年轻化、崇尚娱乐的"90后"逐渐成为购买主力的今天，娱乐品牌营销在产品营销中的作用日益突出，借势明星，通过娱乐活动植入产品信息，再利用互动活动放大营销效果，让消费者抢着掏腰包。

车企传统的营销手段虽然能给汽车销量带来一定提升，但对提升汽车的品牌影响力效果有限。但如果通过借势明星效应，让明星的气质与汽车的属性相融合，其营销效果就会非同一般。

娱乐品牌营销的另外一个属性是参与性，在无社交不营销的今天，消费者的参与对车企营销来说至关重要。明星开阿特兹专车送"粉丝"看电影的活动，正是巧妙地使用了互动营销手段。阿特兹先是通过线上与消费者形成互动，消费者通过抢红包参与进来，接着又通过线下与明星的零距离接触来增加消费者的亲身体验，引爆话题传播。通过线上与线下的合力，阿特兹的产品力得到不断放大，再加上《前任2：备胎反击战》等电影的火爆，营销效果更是成数级提升。

由于娱乐品牌营销能够把握目标受众心理，以及大众的好奇心理，并以娱乐方式满足大众喜欢看热闹的心理，从而引发他们积极参与、互动与扩散，形成良好的宣传推广效应，这些优点使得娱乐品牌营销成为当下最流行的营销方式，也将是未来相当长一段时间内营销的主流。

第五节 把握舆论制高点，注重媒体传播

目前，中国市场上品牌竞争愈演愈烈。各家企业如何在娱乐化营销市场上占有一席之地，为自身品牌开拓出一条光明大道，成为众企业必须面对的问题。那么，在竞争激烈的市场里，哪家企业把握住舆论制高点，打开了娱乐化营销之门呢？

眼下，影视娱乐和品牌营销相结合是必然的趋势。全球娱乐和媒体产业的产值将达到 2 万亿美元，并且随着全球经济的复苏，年复合增长率达到 6.2%。在美国，影视文化娱乐产业是美国的第二大产业，美国的娱乐业每年创造 5 000 亿美元以上的产值，美国人有 1/3 的时间用于娱乐，有 2/3 的收入用于娱乐。如今，娱乐经济已经成为新的世界通货，娱乐品牌营销已经成为企业与消费者重要的沟通手段。

但是，目前的娱乐品牌营销存在很多问题：缺乏新意，仿效成分居多，方式不能有效触及目标人群，缺乏连续性，生搬硬套，文化内涵不够，恶意炒作破坏公平公正。那么，企业该如何做才能改善这些问题，洞察娱乐需求，从而避免营销误区呢？

这里不得不提一下女士补水产品"水密码"是如何进行娱乐化营销的。

在所有利用娱乐进行营销的企业中，水密码无疑是收获颇丰的一家。自面市以来，它就进入电视、网站、平面等媒介平台，

娱乐品牌营销

更是预见性地渗透到娱乐的前沿，从电影植入、映前贴片、自媒体 H5 抢票活动到海岛游大奖互动，不惜花费重金进军大银幕，华丽植入《何以笙箫默》，承包"五一档"各大院线贴片广告，紧随娱乐大势。率先全面"攻占"电影市场，迎接都市年轻化、领先型、娱乐消费全新人群带来的全新增长点。

把握舆论制高点，注重媒体传播是基础。企业品牌利用社会化网络、论坛 BBS、贴吧、百科等互联网协作平台来进行维护、推广的营销方式，是进行娱乐化营销的前提条件。只有时时关注舆论媒体的传播内容和传播方式，企业才能更好地通过互动传播融入娱乐化的元素来为信息"保鲜"。

水密码深谙"把握目标群体心理特点和把握舆论制高点，注重媒体传播"的营销之道。消费市场呈现出个性化、多样化的格局，企业广告投放需要转变旧有的硬性植入理念。从目标群体心理的角度来说，则需从考虑到目标群体需求的情感、内容个性、过程、互动、文化内涵和体验动机的美感性入手。

电影是能够将情感传承与娱乐体验融合的载体。因此，从寻找与电影的共鸣点着手，使品牌的目标受众在日常的潜移默化中接受信息，比起硬生生地推销，这种娱乐营销方式更为大众所喜爱。

水密码借助电影《何以笙箫默》将自身的品牌足迹伸到了电视、论坛 BBS、贴吧、微博、微信等媒体平台，并通过新媒体平台发起了两次互动，以《何以笙箫默》电影票免费抢票观影和"我的何以故事"征集泰国布吉岛旅游大奖为噱头,成功地吸引了大众的眼球。

《何以笙箫默》图书自出版后,曾经出现多次售罄的现象,并在互联网调查中问鼎"最希望被改编成影视剧"榜单,电视剧版的热播也引起网络讨论大潮。水密码巧妙地抓住舆论制高点,通过电影版的人物故事主线,将年轻活力的因子融入其中,既能生动鲜明地展示品牌的内涵与品质追求,又能做到广告定位精准,增加潜在目标客户,更体现了水密码的时尚流行元素。这是水密码在充分研究媒介新形态、目标消费群体心理之后的明智选择。

以创新的娱乐方式满足大众娱乐化心理,诱导消费者的积极参与、互动与扩散。作为娱乐化营销的显著特点,创新性对品牌广告起着至关重要的作用。互联网如火如荼的发展态势,推动企业产品营销渠道的更新换代,现如今大众对影视、明星的高度关注是一个可利用传播的契机。水密码利用时下流行的H5方式,进行活动互动与产品宣传,既为传统的营销方式增添了创新点,又迎合了大众的娱乐化参与心态,其中的趣味性还可以诱导大众对其进行二次分享传播。

水密码为何要进军大银幕?第一,电影受众人群与水密码目标消费群体相匹配。观影大军年龄层在18~40岁,观众属性呈现高学历、高素质、高消费能力的特性,其品牌意识、购买欲望和消费能力都与水密码的目标消费人群相近。《何以笙箫默》更是年轻女性的钟爱,而这些年轻女性对护肤、补水等方面都有一定的追求,两者相结合,水密码就可以借势电影《何以笙箫默》成功地抢占目标消费人群的心智，从而进行品牌深度认识建设以及建立品牌意识。第二，影视话题与明星结合能促成产品营销效果的最大化。水密码品牌代言人杨幂出道多年，已拥有一批年轻的忠实"粉丝"，兼之何以琛、赵默笙的爱情是一个热门的探讨话题，杨幂又在《何以笙箫默》中饰演女主角，水密码在影片中植入广告，赞助电影发布会，发起抢票活动力挺杨幂，也就成了顺势而为的推广噱头了，利用这些噱头为品牌做广告能起到事半功倍的作用。

　　毫不夸张地说，水密码在过去的一段时间里，成功地撬开了娱乐化营销大门。不仅是水密码，更多的企业产品蜂拥而至，挤进娱乐化营销道路，他们越来越重视线上与线下的无缝链接，增加与消费者的互动，而不再是简单地硬性植入广告进行推广。这说明娱乐化营销将为品牌推广开创新的格局。

第三章

解读娱乐品牌营销本质的四大核心

第一节 娱乐品牌营销要强调创新性

提起娱乐品牌营销，众多尝到甜头的企业无不顶礼膜拜。的确，娱乐品牌营销能够给企业带来良好的营销效果，但是一知半解地使用该方式也会给企业带来风险，那些做了娱乐品牌营销却见不到效果的企业，根本的原因是没有搞明白娱乐品牌营销到底是怎么一回事。

其实，无论在娱乐主题上还是在运作的方式方法上，都要强调创新性，以激发消费者的好奇心与参与意识。娱乐主题要有独创性与新闻效应，能吸引大众的眼球，否则收效甚微。创新性要求企业在立足自身资源及优势的基础上，通过不断创造新的体验方式来吸引大众注意力。

下文以白象方便面的娱乐品牌营销为案例，深入解读娱乐品牌营销本质的内涵是什么。

中国已经成为速食产品消费大国，而作为速食之一的方便面市场，竞争更为残酷，尤其是在当前新的经济环境下，方便面的营销模式也在发生变革。娱乐品牌营销注重给顾客提供娱乐体验，更多地关注消费者的情感需求和个性化的需求，因而越来越多地受到快消品企业的青睐。白象方便面通过借助一家地方卫视的节目《美人天下》进行娱乐品牌营销，力推新品"白象老坛酸菜牛肉面"，取得了巨大的成功。白象老坛酸菜牛肉面"很酸爽，很流行"，不仅给消费者留下了非常深刻的印象，也在消费者心目中树立了更加时尚、年轻的品牌新形象。

那么，白象方便面是如何利用娱乐进行营销的呢？在新经济背景下，人们的消费模式发生了一系列改变：从消费内容来看，个性化需求在增加；从消费结构来看，感性消费所占的比重呈上升趋势；从消费诉求来看，更加注重通过消费得到感性的享受和愉悦。传统的营销模式已经落伍了，因为质量提高带给顾客的满足感呈递减趋势，质量从高激励因素变为低激励因素，进而变为基本因素，已不能让顾客感到满足。

作为一家早已在大众中形成一定品牌影响的企业，白象集团的领导者仍然保持着清醒的头脑，及时了解并掌握了消费者的习惯转变，在营销方式上也做出了相应的改变。在娱乐品牌营销上的全面创新和变革，让白象方便面更容易与消费者在感情上产生共鸣。白象的品牌形象率先在感情上被大众所认同，其后消费者再通过购买白象的产品，感受到实用价值。正是在情感价值和实用价值的双重作用下，才使得消费者对白象方便面产生了更大的忠诚感。

白象集团利用娱乐产业进行营销，有着统一的规划，不仅能够保持消费群体的忠实度及品牌知名度，还可以更好地吸引年轻消费群体，打造其年轻化、时尚化的品牌新内涵，转变产品固有形象。在市场竞争中，白象方便面以"非常"之道攻占了消费者的头脑，出奇制胜地刺破竞争者的壁垒。白象老坛酸菜牛肉面在市场中风生水起，步步为营，赢得了更多的市场份额。

娱乐品牌营销

白象集团的娱乐品牌营销为什么会如此成功？尽管娱乐品牌营销能给企业带来不错的效益，但是不管三七二十一地推行该方式，也会给企业带来风险。许多企业实施了品牌娱乐营销却见不到效果，其实是没有抓住娱乐品牌营销的核心。白象方便面之所以通过与这家卫视合作，营销获得成功，原因是抓住了娱乐品牌营销本质的四大核心：创新性、参与性、整合性、个性化，也就是所谓的"4I"理论。

在创新性方面，白象集团选择影视剧营销。策划者深知，在娱乐主题以及运作方面，娱乐品牌营销强调的是创新性，以激发起消费者的好奇心与参与意识。娱乐主题要有独创性与新闻效应，能吸引大众的眼球，否则收效甚微。另外，创新性要求企业在立足自身资源及优势的基础上，通过不断创造新的体验方式来吸引大众注意力。

白象集团在选择影视剧方面下足了功夫，这是特别精明而又可行的运作模式。关键的是，在选剧时独具慧眼，选择了《美人天下》。事实证明，这部剧着实"火"了，成了独领银屏收视率的冠军；而白象方便面作为本剧的独家冠名商，无疑是最大的赢家。同时，白象方便面通过《美人天下》首映礼白象代言人PK、开播评剧专栏节目《美人面面观》等创新形式，与该剧的观众达成了深入的互动，这些方法也直接影响了营销的最终效果。

在参与性方面，白象集团实施的是全民总动员模式。企业在新经济环境下的营销，树立"全员娱乐营销理念"非常重要。白象集团能够选择一家卫视台进行营销，一方面是这家卫视以电视剧立台的理念，培养了一大批电视剧爱好者，白象以《美人天下》电视剧作为传播载体，更容易为消费者所接受；另一方面，白象集团主要集中在二、三线市场，而这家卫视台"省网收视率大于市网收视率"的特点与白象市场受众吻合，这也在根本上提高了消费者的参与度。不管是短信、电话还是微博、网络，消费者对于相关话题和活动，都表现出极高的参与热情，直接互动的网友便达到了200多万人次。白象集团还在两个省会城市用时尚好玩的"快闪"等方式与观众互动，在市民中引发轰动。唐装、美人、穿越、快闪，《美人天下》活动集合了网络上时髦的关键词，不仅体现了当下年轻人张扬个性、敢于创新的时尚特质，与白象老坛酸菜牛肉面"很酸爽、很流行"相得益彰，更使娱乐品牌营销彻底走向平民化、大众化。

在整合性方面，白象集团整合了所有的资源。企业进行娱乐品牌营销，最主要的是对娱乐元素进行一系列整合，同时也对体验平台进行一系列的整合。白象集团在联手这家卫视的过程中，不仅通过电视广告植入等方式提高曝光率，通过首映礼、宣传片、明星互动等多重方式不断制造并挖掘出娱乐元素，还通过对户外广告、线下推广活动、微博互动、短信互动、网络电视台、《海豚TV周刊》等多方位全平台式地整合传播，迅速扩大了白象老坛酸菜牛肉面的影响力和号召力，短时间内达到了爆破效应。同时，白象集团整合了大量外部资源，加大了对自身资源的整合。其营销团队从国内一线城市切入，精耕细作一直深入四、五线城市，通过终端市场的宣传和活动造势，实现从空中到地面的立体式覆盖，并借助《美人天下》所开创的宫廷连续剧新风尚，影响消费者对于白象方便面的固有认识。剧中的男女主角扮演者，是深受"80后""90后"喜爱的明星，也给白象方便面建立"时尚、流行"的品牌形象打下了基础。

在个性化方面，白象集团成功地将其嫁接到娱乐上。这次白象集团在娱乐体验上大费苦心，不难看出其对于时尚潮流以及消费者的娱乐心理，一直保持着高度的敏感性，也密切关注着社会潮流的发展动态、聚焦事件及新生现象。白象集团为配合《美人天下》的热播，与地方卫视合作，量身打造了特别话题节目《美人面面观》，加大了"美人"与"面"的联系，可谓"秀色可餐"；而为了更贴合《美人天下》的美人魅力，白象集团力邀有"内地小S"之称的主持人加盟，搭配知识渊博的专家、幽默逗趣的主持人，为偶像剧打造话题节目，在国内属首例。

此外，白象集团还借助电视、短信、微博等平台力推"赢大唐爽食之旅"活动，通过"评点《美人天下》中你最喜爱哪位演员"等活动，让明星、剧情、美面、美人等话题个性化地相结合，找准了娱乐载体与企业品牌的嫁接切入点，打出了白象老坛酸菜牛肉面"很酸爽，很流行"的产品特点；而通过唐朝美人穿越到现代的"快闪"发面行动，也极具个性化地让消费者感受到了轻松快乐的产品体验。

通过白象集团的娱乐品牌营销，众多的企业家明白：在互联网时代的品牌营销，与其一味地跟风炒作，不如根据互联网时代的特色，引领和开创全新的营销模式，与消费者达成情感上的深度互动，从而进一步提高品牌的忠诚度和信赖度，在市场竞争中立于不败之地。

事实证明,白象方便面这次与一家卫视合作,成功地营销,不仅引发了业内人士对于白象集团的关注,其推出的"白象老坛酸菜牛肉面"上市三个月时间,便创造了单月单品销售超过5000万元的业绩,在市场上也获得了消费者的认可,给娱乐品牌营销的最终效果交出一份满意的答卷。

第二节 树立"全员娱乐营销"理念非常重要

近几年，随着移动互联网的迅猛发展和消费人群的逐渐年轻化，年轻人成为网购消费的核心驱动力。企业要赢得年轻消费者的青睐，就要将目光移到价格之外，为他们提供个性化的产品。同时，还必须摒弃传统的营销方式，开创"全员娱乐营销"的新模式。

有的企业实施娱乐品牌营销，不仅赚足了消费者的眼球，也取得了良好的营销效果。比如，京东商城把广告植入电视剧《男人帮》，苏宁易购与一位男影星合作拍摄微电影，娱乐品牌营销一时间热闹起来。一方面，娱乐节目的大红大紫，扩大了企业娱乐品牌营销的覆盖面，并拉近了企业品牌与消费者的距离；另一方面，对大部分消费者而言，通过时尚、潮流的娱乐节目获取有关企业品牌、产品的信息，在用户满意度上显然比普通而直白的广告更值得考虑。

娱乐品牌营销的优势就在于，能够与广大消费者的思维方式、内心情感产生共鸣，摒弃了理性说服消费者推销的方式，通过感性共鸣激发客户购买热情。相对而言，价格战和巨额广告投放只能带来短期效益，而娱乐品牌营销可以带来长期效益。同时，也可以在短时间内提升品牌知名度，让品牌信息深植于大众心中。因此，娱乐品牌营销是快速推广产品、宣传新概念的好方法。

现在，消费者最关心的是自己的需求，他们需要找到一种方式表达自我，他们希望与众不同，希望可以从某个方面彰显个性。所以策划者无论是选择明星还是选择导演，一定要与受众有契合点，这样才能有效地提升品牌影响力并得到认同。当然，娱乐节目的时效性也不容忽视，这意味着必须在最短的时间内抓住娱乐品牌营销的要害，才能树立"全员娱乐营销"理念。在《中国好声音》《快乐男声》《爸爸去哪儿》节目如火如荼播出的同时，还有一档节目吸引了观众的眼球，让观众锁住频道，那便是某地方卫视的《我是歌手》节目。国内知名电商京东显然不会错过这绝佳的机会，随着《我是歌手》的热播，京东也为该节目定制了特殊的 APP 功能——喜摇摇，这说明京东在电商娱乐品牌营销上实施了更新的方法。

其实，当企业决定使用娱乐品牌营销时，并不是一蹴而就的事，但是，京东已经是驾轻就熟。京东式思维是广告植入角度要精准，做到这一点，要有舍大抓小的决心。在京东看来，要做好娱乐品牌营销，就要清楚如何在这些娱乐节目中植入品牌和服务，同时又能抓住消费者的心理和诉求，进而得到预期的营销效果，这正是京东实施娱乐品牌营销的法宝之一。

运用娱乐品牌营销，不仅仅在主题上要有创新意识，在选择合作方上面也要创新。作为国内一家大型的电商公司，京东同样也在通过独特的互联网模式，实施鲜明个性的营销方式。以《爱情公寓4》为例，京东一改以往单纯植入的方式，升级为定制"剧集+剧情植入"双管齐下的定制营销，京东的快递单、快递哥等形象在片中得到了大量展示。与此同时，京东也成为《爱情公寓4》

娱乐品牌营销

独家电子商务合作平台和《爱情公寓》衍生品官方授权旗舰店。

娱乐品牌营销贵在打好基础，京东为了搞好娱乐品牌营销，选择的都是娱乐性强、已经引起大众关注的节目，这些节目的目标受众均为年轻观众，并将互联网作为重要发行渠道，例如视频网站或手机视频 APP。"年轻+互联网"，与京东的目标用户群契合。贴合网络喜好的传播内容，不仅达到了广泛传播的目的，更将品牌的核心信息与优质的传播内容恰到好处地衔接在一起，使其在传播效果和传播策略上同时受到消费者的好评。

京东在娱乐品牌营销方面已经收获丰厚，所以趁热打铁进军影视剧，搜狐网络自制剧《极品女士》热播，京东在剧情里大幅曝光，更是大打其独有的 3 小时内送货的"极速达"服务。与以往冠名、赞助娱乐节目或者热门影视剧不同，京东携手《极品女士》不仅是一次大胆的尝鲜，更是娱乐品牌营销的重大突破，很多用户也是通过这部自制剧才对京东的"极速达"服务有所了解的。在《爸爸去哪儿》这档风靡全国的综艺节目上，京东也有植入广告，值得注意的是，它将广告选在了最后一集，并且通过偏远寒冷的雪乡小卖部来完成植入，加上著名男演员的亮相，整个营销显得有条有理，不仅能引发观众对京东品牌的关注，同时也能制造出一些热点娱乐话题。这正是京东娱乐品牌营销成功的法宝之一。

可以说，京东在娱乐品牌营销方面有着相当丰富的经验，比其他企业更懂得如何在这些娱乐节目中植入品牌和服务，也抓住了消费者的心理和诉求，因此能得到预期的营销效果。当然，京东在娱乐品牌营销方面并不满足于简单的植入模式，此次在《我是歌手》营销案例上，采用的是线上和线下双管齐下的模式，完成了一次娱乐的整合营销。

之前，京东曾在北京开展了一场线下营销活动，引起了广大民众的兴趣。这次活动以高达 3 米的巨型手机、新颖的体感遥控模式为着眼点，通过百万京东大奖吸引路人驻足观看，这正是京东为《我是歌手》量身打造的喜摇摇功能。其实，在《我是歌手》播放的整个过程中，很多用户已经对喜摇摇有所了解，他们甚至习惯了在《我是歌手》的广告时间摇上一摇，以求获得百万京券和现场门票。通过喜摇摇，用户可以边看《我是歌手》边上京东 APP，参加喜摇摇活动，实现电视和手机的双屏互动。

这次活动可以作为娱乐品牌营销的典型案例：第一，面对移动互联网普及的大环境，对于京东来说，进军移动端业务也是未来的战略目标之一，而通过在移动 APP 上增加喜摇摇功能，无疑会提升京东 APP 的下载量，促进更多人使用京东 APP，实现移动购物。第二，基于《我是歌手》巨大的人气和影响力，也会拉动京东品牌朝更深的方向发展。业内人士如此评价：京东此次跨屏整合营销的传播，打通线上线下传播渠道，视觉与体验相结合，开创了品牌娱乐整合营销的先河。

毋庸置疑，京东在娱乐品牌营销方面已经有了很大的收获，接下来还会开发出更先进的模式。因此，不仅仅是电商企业，其他任何企业也不妨通过这种模式来进行营销。

第三节 娱乐品牌营销离不开娱乐元素的整合

尼尔·波兹曼在《娱乐至死》一书中说,"照片把世界表现为一个物体,而语言则把世界表现为一个概念","一切行业都是娱乐业"。另外,美国著名管理学者斯科特·麦克凯恩也一语击中娱乐营销的本质:具象的物体当然比抽象的概念更容易被人接受,对大众来说的确如此。比起读书,人们当然更愿意看视频;比起看一个几十秒的广告,人们更愿意看三星、苹果最新款在剧情中被男女主角酷炫把玩……

娱乐品牌营销离不开娱乐元素的整合,它注重与消费者之间的互动。许多企业采用的营销产业链条系列包括户外广告、微博互动、短信互动、网络电视台、线下的促销活动等方式,产品的形象和娱乐元素无孔不入地渗透到社会的每个细胞当中,让消费者时刻接收产品信息。例如,与《变形金刚4:绝迹重生》合作的植入品牌周黑鸭,在植入变形金刚之后,公司马上推出了系列活动,从产品的包装、店面的装修到映前广告的制作等将娱乐的元素完美地融合进看似跟汽车毫无关系的鸭脖食品文化。

其实,在我们身边所接触的产品,采取的就是这种整合的方式。各式各样的品牌,从副食品到洗涤品,从汽车服务器到房地产,从饮料到服装,各家企业都在积极地采取这种方式让消费品融入生活的方方面面。整合带来娱乐性,这样的做法不仅整合了大量外部资源,也加大了对自身资源的整合力度。企业将一系列的产业串起来，从而带来全方位的轰炸效应，实在是不可小觑。

在移动互联网时代，把娱乐元素融入营销之中，就会发现娱乐作为一种营销元素已经成为无往不利的武器，可以说是感情推动了商机。消费者在购买企业产品的同时，更希望从中得到乐趣。消费者对消费的要求已经从过去"你能为我做什么"转变为"你怎样让我开心"，购物和消费也从一种简单的交换行为变成了一种休闲方式，对于消费场所和消费方式的选择也变得越来越挑剔，不仅要求产品能够满足消费的需求，更希望能够给他们带来愉悦。

快餐业巨头麦当劳和肯德基以汉堡包和炸薯条称霸全世界，中国的快餐业在家门口被斩下马。同是快餐，单从具体产品的营养和口味上说，我们并不输给对方，我们输在营销的背后。他们成功的秘诀就是"我们不是餐饮业，我们是娱乐业"。因为他们明白，吃快餐不一定是永恒的，而娱乐一定是永恒的，于是肯德基和麦当劳在消费后，会为儿童提供精美的玩具，意在重复诱导消费者开心消费，并在消费场所为儿童提供娱乐场所来取悦客户，所以在他们成为快餐业的巨无霸时，也成为了世界上最大的儿童玩具发送者、提供娱乐消费场所的经营者，正所谓"功夫全在场外"。

作为一家大型的食品企业，好丽友在娱乐品牌营销方面也是煞费苦心，不惜投入巨资一举成为《功夫熊猫2》在中国的重要赞助伙伴，并针对此次赞助推出了一系列颇具新意的活动。如借助其旗下的拳头产品——熊猫派派福与阿宝在形象上的相似性，高薪聘请专业设计师，为影迷们设计了两套、20种不同形象的精美功夫熊猫炫卡。这些作为熊猫派派福产品赠品的卡片，伴随着影片票房的一路飙升，也在市场上兴起了一股强烈的热卖之风，一推向终端，就被喜爱熊猫的"粉丝"抢购一空。为了把娱乐功夫做到极致，好丽友还特意将北京、上海等数家大影城布置成以熊猫为主题的现实场景，让观众从进入影院至影片结束整个过程都能够身临其境于熊猫的王国，收到了很好的市场反馈。几家做过布置的影院几乎场场爆满，而好丽友熊猫派派福的品牌知名度及销量也随着《功夫熊猫2》的火爆上映得到迅速提升，可谓名利双收。

欢乐永远是人们不懈的追求，娱乐之所以能够延伸成为企业的营销手段，是因为娱乐化是打动人心、构建情感联系的最有效的方式，无论是提升企业品牌知名度，还是吸引消费者方面。所以，任何一家企业只要懂得有效地把握娱乐精神，让大众在娱乐化的表演中一次又一次地获得欢悦的良好感觉，就具有了价值，具有了市场竞争力。

那时候，《功夫熊猫1》在影院刚上映就受到人们的热烈追捧，并轻轻松松地获得了2亿元票房的佳绩。时隔三年，《功夫熊猫2》再次高调上映，首周两天便取得近1.1亿元的票房，刷新了中国内地市场的首日票房以及最快票房过亿元的纪录，并在一周内票房就冲破2亿元，两周后轻松跨过4亿元的高门槛。华纳兄弟国际影院公司全球总裁米勒·奥克斯曾经预测："中国电影票房将在10年内超越美国。"目前来看，这句话并非妄言。《功夫熊猫2》用首周的成绩就几乎秒杀当年的纪录，并且在票房表现上不断创造一个又一个的惊喜。在短短几年的时间内，能被广大中国观众所接受并产生强烈的认同感，其成功的根本原因是，影片中通过诙谐幽默的娱乐方式，处处体现着中国传统的文化元素、深刻的华夏人文思想。

无论是《功夫熊猫1》还是《功夫熊猫2》，这是其真正的品牌价值所在。同样，好丽友的熊猫派派福与《功夫熊猫2》的合作，也正是基于其能够生动形象地诠释企业所倡导的中国儒家"仁"之核心文化理念，即通过轻松、娱乐化的方式将深奥的儒家文化中"仁"的理念深入浅出地展示给受众，让他们可以深入而全面地感受到"好丽友，好朋友"背后"仁"的真谛，这是其合作的根本出发点，也是好丽友品牌价值的真正归属地。

概括起来，不管是影片还是厂家，借助娱乐品牌营销的新式武器，将各自的品牌价值通过对娱乐精神的全方位阐释，拉近与消费者的距离，显而易见这种手段是高明的，并且也是双赢的。

第四节 个性化，让消费者感受到轻松快乐的产品体验

近年来，文化产业日益受到政府重视，一系列大力发展文化传媒行业的政策频频出台，影视综艺娱乐行业也成为众多企业合作的对象。对于非常重视娱乐品牌营销的 TCL 而言，目前已经基本上形成了内外兼顾、多项并进的发展模式。在海外，TCL 抢先与好莱坞大片合作，冠名好莱坞中国大剧院，以抢占全球娱乐高地，不断强化品牌国际化定位；在国内，TCL 也不断发掘各类新鲜娱乐形式和内容。

在北京天伦王朝酒店，第五届娱乐营销论坛暨 5S 金奖荣誉揭晓。TCL 独揽三项娱乐 IP 营销大奖，成为当年的最大赢家。TCL 所获的三项大奖包括：话剧《开心晚宴》《夏洛特烦恼》、电影《我是证人》、电视剧《大猫追爱记》。这三项大奖涵盖话剧、电影、电视剧三大领域，体现了 TCL 对传播市场的精准把握和高超的娱乐营销技巧。

第五届娱乐营销论坛暨 5S 金奖颁奖盛典，是国内娱乐品牌营销行业最受关注的大型盛事之一。本届盛典更是汇集了包括国内主流企业高级管理人员以及影视制作公司、广告公司、营销服务公司的运营负责人等约 300 名知名人士出席。5S 金奖的嘉奖对象是策略一流、创意新颖、分享踊跃、销售火爆、服务上佳的年度营销经典案例，其精神也是甲乙双方市场洞察力、创意创新力、

口碑传播力、营销实效力、用户服务力的集中体现。

近几年，娱乐行业特别受到大众的青睐，TCL 也看到了国内娱乐品牌营销的大好前景，在国内娱乐品牌营销上连连出手，收效颇丰。从获奖的话剧《开心晚宴》《夏洛特烦恼》、电影《我是证人》、电视剧《大猫追爱记》中可以看出，TCL 的运作覆盖面极广，每一个都是大手笔，可见 TCL 对于国内优质 IP 的敏锐嗅觉和超强把控力。值得一提的是，国内的优质 IP 竞争尤其激烈，TCL 除了继续深入运作影视、综艺等大众 IP 外，还另辟蹊径开掘出话剧这一块潜力无限的小众"价值洼地"，为其娱乐营销的多样化与个性化增添新生力量。随着话剧《开心晚宴》《夏洛特烦恼》的全国火爆巡演，也再一次证明了 TCL 精准的营销战略眼光。

相对于 TCL，达能集团也并不逊色，其旗下的"脉动"（Mizone）维生素饮料也与腾讯进行了深度合作。脉动·腾讯视频《你正常吗》总冠名发布会暨第二季开机仪式，在上海宝山广播电视台隆重举行。发布会上，腾讯网络媒体事业群广告客户部总经理为这次开机仪式开场致辞："《你正常吗》问对了问题就可以了解社会的热点，抓住用户的痛点，让大家对这个节目充满兴趣。"她强调，有了第一季火爆成绩的铺垫，第二季《你正常吗》将会以更好玩的题目、创新的互动为大家带来全新的感受。达能集团饮料脉动市场总监分享了中国维生素饮料领导品牌脉动，在营销领域采取各种大胆的创新举措，希望通过与腾讯强强联手，共同探索互联网视频领域合作与营销的新模式。

全国第一档大型真人秀《你正常吗》首季播出就收获了不凡

的业绩。电视台乘胜追击，新一季的《你正常吗》强势来袭。第二季不仅在环节设置上全面升级，新一任主持人的到来，以及许多明星的强势加盟，更是为节目带来全新的风貌。

各种网络自制剧火爆各类银屏，达能集团却唯独看好《你正常吗》这个节目，正是由于其突出的行业表现及营销创新的前景。基于腾讯强大的用户平台，《你正常吗》节目以互联网受众感兴趣的话题为核心，以网民深度互动为形式，以明星主持为亮点的娱乐内容制作开辟了自制综艺节目的新模式。正如达能集团饮料脉动市场总监所说，"脉动拥有机智幽默的品牌个性，勇于自嘲并倡导以娱乐精神面对生活起伏"。"其实找合作就像找朋友，我们需要找到有共同兴趣爱好、共同调性的节目来合作。我们非常看好《你正常吗》这个节目在庞大的年轻消费族群里所拥有的强大的参与度和互动性。"这位市场总监如是说。《你正常吗》的节目主持人、嘉宾以"机智幽默"与消费者进行深度互动，为观众带来快乐的体验，这些都与脉动品牌精神高度契合，也为双方合作奠定了坚实的基础。

个性化让消费者感受到轻松快乐的产品体验。腾讯视频有的独特优势——海量用户，一般的娱乐节目只能望洋兴叹。《你正常吗》充分利用了互联网的优势，以及腾讯庞大的用户及流量资源，为品牌的传播提供了曝光量的保障。《你正常吗》通过短短十期节目便创下 3 亿次播放量，堪称同期自制之王。同时，节目设置了多样化的线上线下互动环节，为节目缔造了高参与度的传播效果，真正做到了让品牌与用户"玩在一起"。腾讯平台的影响力，以及在年轻群体中的号召力，让品牌更接近消费者。

作为一档奉行"用户就是上帝"理念的娱乐节目,《你正常吗》在节目定制选材方面,努力做到贴近网民的关注焦点。在互联网时代,消费者的娱乐精神越来越强烈,随之而来的对机智、幽默的内容的需求也日益高涨。《你正常吗》节目通过分析用户有意识的观影行为,包括每一次播放、暂停、搜索或收藏等,适当进行微调或者将收看率高的片段进行再创作,相比于传统的影视行业,这些数据信息和应用有着更为广泛的基础,必将为品牌的介入提供更加有效的科学分析与指引。

正如达能集团饮料脉动市场总监所说:"数字化媒体、社交媒体为我们的生活带来无限的可能,也为脉动品牌的市场营销提供了无限的想象空间。《你正常吗》将脉动品牌的机智幽默在更开放、更多元的互联网平台中得以体现,并进一步提升了脉动品牌与消费者之间互动的深度、广度和精确度。"

在移动互联网的风口浪尖上,视频网站想占得半壁江山,必须以"内容为王"。娱乐品牌营销也更加趋向社交化、互动化、个性化。企业通过优秀的网络自制节目、高强度的品牌曝光、多元化的广告植入、高参与度的受众互动,真正做到让品牌与消费者玩在一起,让消费者感受到品牌带来的理念和乐趣,为个性化营销开辟出一条新路径。

第四章

让消费者"潜移默化"地接受品牌信息

第一节 病毒营销：一种常用的网络营销方法

娱乐品牌营销是一种感性营销，通过感情的共鸣，借助娱乐的元素或形式使产品与客户之间建立情感联系，从而达到销售产品、建立忠诚客户的目的。其关键在于让消费者"潜移默化"地接受品牌信息，而不是生硬地把产品推销给用户。病毒营销也具备这一特征，它针对两种产品：一种是针对传统领域的营销对象，即一般的商品；另外一种则针对借助一些网络媒介能够产生自我扩大式传播的产品。病毒营销已经成为网络营销中最为独特的一种网络推广方式，被越来越多的商家以及网站成功运用。看似病毒，但在其娱乐大众的同时却能给人们带来某些价值，这就是病毒式营销的精髓所在。

可以说娱乐品牌营销与病毒营销有异曲同工之妙，具体分为以下五个模块：

（1）感官。感官营销通过调动各种感觉器官所获取的信息，在保证对事物接受能力达到最大化的同时，通过娱乐品牌营销打造相应的品牌特质，让消费者在不由自主的情况下感受到品牌的差异化个性。

（2）情感。情感营销即倾听用户内在的感情与情绪诉求，主要在于创造情感体验，将情感要素渗透体验营销各个环节，使消费者自然地受到感染。

（3）思考。思考营销以创意的方式引起顾客的好奇心以及兴趣，引导其对问题集中或分散的思考，为用户创造认知和解决问题的体验。

（4）行动。行动营销指通过增加身体体验，指出做事的替代方法以及替代的生活形态，增强互动，从而丰富顾客的生活。

（5）关联。关联营销包含感官、情感、思考与行动等层面。关联营销超越私人感情、人格、个性，通过"个人体验"，与理想自我、他人或是文化相互关联。关联活动的目的是激发消费者自我改进的愿望，要别人对自己产生好感，使自己和一个较广泛的社会系统产生联系，从而建立某种偏好。

例如，"消费者——企业"方式应用于演唱会时，企业可以从设计演唱会主题开始，将主题融入营销策略中，进而实施营销活动策略。

1. 感官体验的营销策略

首先，宣传方式多样化。宣传工作是演唱会与观众接触的第一个环节，也是传递演唱会卖点的第一个环节。观众多集中在既有足够的空余时间，又具有一定的经济实力的年轻人，而这些人平时接触最多的媒体是网络，上公共主页、看新闻、刷微博是他们课余时间做得最多的事情，所以将网络作为主要的娱乐品牌营销宣传平台，掌握好他们的期望水平，将演唱会的精彩信息及时发布给他们不失为一条很好的途径。

也有部分观众为在职员工，他们平时工作忙碌，等回到家中可能错过了娱乐新闻，针对这些受众群体，公交车上的媒体不失为合适的传递方式。同时，我们也要注意到，在上海、北京、广州这类大型城市，地铁上的电视屏幕宣传以及街头大屏幕广告在信息传播中起到了很重要的作用，应当受到主办方的重视。在演唱会的宣传内容上，举办方应该适当宣传，切忌夸大其词，欺骗观众。宣传的程度大于实际演出的效果，会大大降低消费者的满意度，并在一定程度上影响后续消费。

其次，进一步完善演唱会硬件设施。很多观众会抱怨演唱会举办地的厕所又脏又乱，照明设施有问题，容易造成事故。另外，演唱会一般会在大型体育馆举办，这些体育馆存在严重的基础设施老化问题，比如座位破损等。这些问题虽然对观众、对演唱会本身效果的评价影响不是很大，但是如今的时代是细节竞争的时代，这些问题也应引起主办方和企业的注意。

最后，利用好演唱会的营销渠道。充分利用演唱会的宣传资源，可以得到事半功倍的效果。门票、艺人肖像、现场大屏幕广告、座椅、场外的横幅、演出现场的周边、观众加油道具、开场前暖场、歌手现场提及等，都是可以利用的媒体。

2. 情感体验的营销策略

第一，演唱会概念设计以情动人。作为一个想要召集众多消费者集体消费的大型营销活动，除了要确定一个有新意、有创意的主题之外，更重要的是要寻找一个能够引起受众群体情感共鸣的卖点。这就需要主办方和企业对时下的流行热点、新闻焦点保持强烈的敏感度。

邀请时下影响力大的明星、新闻人物，以此传递正能量，使消费者有不一样的情感体验，从而增强演唱会的效果，这是一种很好的营销策略。

第二，加强对工作人员的职业培训。首先主办方需要认真研究影响观众对演唱会的工作人员服务评价的因素，确定服务标准，形成一整套服务制度，以便推广。这也是决定娱乐品牌营销能否使消费者的体验感知高于期望值的关键因素。由于演唱会的工作人员大部分是临时招来的，如果每次召开演唱会之前都进行一次培训将大大增加主办方的成本，所以理想的方法是能够和某个组织（比如公关公司）建立长期合作关系，由主办方先将培训机制传递给该组织，再由这些组织对工作人员进行内部培训。工作人员的薪水必须与其工作表现挂钩，具体实施则依据演唱会后观众的反馈结果。

3. 思考体验的营销策略

第一，内容多样化。传统单人表演的演唱会形式缺乏新意，近些年观众逐渐产生视觉疲劳，因此如何实现多样化，吸引持续不断的观众流是主办方需要思考并着力解决的问题。

表演元素多样化。演员可以在演唱会现场展现自己在其他演出上没有展现过的或很少展现的才艺，甚至临时学习一些方言、魔术等。这样不仅能给观众一些视觉冲击，还能提升演唱会现场的气氛，吸引观众与明星互动。

组合形式多样化。主办方应当在表演主体的组合上花大功夫。

新的组合形式如一个歌手加一个组合，或者与国外著名歌手合作，等等。好的组合创意能够吸引更多的观众，大大降低单位观众的成本，改善演唱会盈利能力差的现状。

会场形式多样化。借鉴各卫视跨年演唱会、世界杯，演唱会的展现形式也可以实现多样化，比如上海一个表演现场，同时东京一个表演现场，这样演员可以增加一些两地互动的节目，调动观众的情绪。但具体如何使用还需要主办方根据实际情况谨慎选择。

第二，利用无线增值业务和"微营销"手段挖掘演唱会增值效应。一方面，利用短信互动等方式让公众参与演唱会抽奖活动，虽然这早已不是新鲜的宣传手段和方式，但在群星演唱会上或者可以实现电视转播的演唱会上，同样可以吸引较多的听众和电视观众群体，使得观众的参与度大大提高；另一方面，在网络盛行的时代，微博成为新一代传媒大使。对于个人演唱会来说，明星的官方微博和明星后援团的微博就成为最新消息最快的宣传渠道。主办方完全可以利用微博"转发接龙"的游戏，或者用其他丰厚的奖品来吸引网友转发，来宣传演唱会并推广赞助商品牌。

4. 行动体验的营销策略

增加信息传播渠道，为消费者提供更多便利。即使演唱会举办地处于交通较为便利的地区，观众在去观看演唱会时还是会碰到严重的交通问题。交通拥挤高峰一般是临近演唱会开演时，为了保持交通畅通，不给附近地区带来麻烦，主办方应该鼓励观众提早到场，并提前发布关于演唱会的信息，提高观众观看演出的效率。

要从根本上提高演唱会的收入，就要培养消费者娱乐消费的习惯与意识。可以通过各种渠道告诉人们"看演唱会是一种使自己快乐的消费"，而不是购买一次奢侈的享受。在演唱会的举办中通过各种细节的打造使消费者觉得物超所值，他们因此可以获得一个与偶像相处的机会甚至收获更多，这些都是企业和主办方需要长期关注的问题，也是演唱会娱乐品牌营销中的关键步骤。

第二节 口碑营销：带来更多潜在客户

口碑营销被人们称为"最实用的营销"，这是由于其传播的成功率非常高。不少企业发现，产品拥有一个良好的口碑会产生更大的利润价值。

口碑营销主要有以下三种形式：经验性口碑营销、继发性口碑营销和有意识口碑营销。

1. 经验性口碑营销

经验性口碑营销是最常见、最有力的形式，通常在产品类别中占到 50%~80%的份额。它来源于消费者对某种产品或服务的直接经验。因为这种传播只能在朋友、亲戚、同事、同学等群体间进行，他们之间已经建立了一种长期稳定的关系，相对于广告促销而言，可信度更高。这是口碑传播的核心，也是口碑营销成功的主要原因。企业在进行产品营销的过程中，投入巨资大打广告，开展促销活动，以吸引潜在消费者的注意，借以产生"眼球经济"效应，增加消费者的忠诚度，但结果往往与目标相差很远，而口碑营销这种简单的"用户告诉用户"的方式，反而会得到理想的效果。

人们对于不太熟悉的产品，往往持怀疑或不确定的态度，更不会对此类产品产生什么兴趣，这就需要通过不同的方式来消除这种疑虑，其中向朋友、亲友诉说就是一种很好的方式。

与上述情况相仿，人们在购买产品后会有一种不安全的感觉，比如认为自己受骗了，或买贵了，或跟不上潮流，等等，这时候通过对朋友、亲友的诉说，一方面肯定自己的购买行为，另一方面希望朋友因自己的推荐而发生同样的购买行为，自己找到更多的安全感。很多时候，口碑传播行为都发生在不经意间，如朋友聚会时的闲聊，共进晚餐时聊天，等等，此时传递相关信息主要是因为社交的需要。在这种心态下，消费者传递信息是为了满足某些情感的需要，如表明自己是先知者或者紧跟潮流，比较时尚，特别是当他人因自己的劝说而购买了相同产品时，会更加肯定自己并认为自己得到了他人的尊重。

2. 继发性口碑营销

在所有的营销方法中，最常见的就是继发性口碑营销。消费者直接感受商品传递的信息或使用商品时形成的口碑，这些消息或口碑对消费者的影响通常比广告的直接影响更强，因为引发正面口碑传播的营销活动的覆盖范围以及影响力相对来说都会更大。

同时，企业在利用口碑进行营销时，一定要懂得利用各种优势，可以借助自然规律、政策法规、突发事件，甚至是借助竞争对手。如美国一家小唱片公司因为侵犯了一家行业巨头的著作权遭到控诉。这家唱片公司发现，和行业巨头扯上关系对自己有利，于是，与这家企业针锋相对地干上了，并且大肆宣扬，虽然两次败诉却依然坚持上诉。这场官司还是以败诉告终，但是这次蚂蚁与大象的对决，却吸引了很多人的关注，使一家名不见经传的小唱片公司成了美国家喻户晓的知名公司。

再比如，百事可乐刚刚进入市场时，受到了饮料巨头可口可乐的打击，可口可乐以自己悠久的历史与美国传统文化为卖点，嘲笑百事可乐是一个没有历史、没有文化的新品牌，在广告中通过各种方式对比自己的"老"与百事可乐的"新"。确实，这使得很多消费者相信可口可乐是正宗的可乐。百事可乐没有通过广告战来反驳或对抗可口可乐的实力，他们就想出一个办法——借助可口可乐的"新老论"来树立自己的品牌形象，于是，百事可乐打出了"新一代的可乐，新一代的选择"为主题的广告，去宣讲新可乐的好处，并将营销目标锁定在喜欢尝试新鲜事物的年轻一代。结果可口可乐铺天盖地的广告，反倒帮助百事可乐树立了"新一代可乐"的品牌形象。

3. 有意识口碑营销

有意识口碑营销不像前两种口碑营销形式那么常见，只有少数企业使用有意识口碑营销，部分原因在于，其效果难以衡量。许多企业不能确定，他们能否成功地开展有意识的口碑营销活动。

的确，人们关注最多的不是他人如何，而是与自己利益相关的各种问题，比如民生问题被评为百姓议论最多的话题，就证明了这一点。因此，口碑营销传播的内容必须以利益为纽带，与目标受众直接或间接地联系起来，这一点尤为重要。比如，《超级女生》的成功就是利用传播者本人就是事件的利益主体，本人不仅会关注、参与，更会主动传播并邀请亲朋好友来关注、参与，由此产生了强烈的倍增效应。

美国一家食品制造企业，为了打败竞争对手，大力开展免费派送活动，对手厂家指控其不正当竞争，工商部门开始介入调查。因为赠送食品让消费者得到了实惠，所以事件的发展引起了消费者广泛的关注，于是这家企业就发动消费者，以博取同情与支持。此举果然见效，甚至有人以游行的方式支持该企业。虽最终赠送活动被叫停，但该企业的知名度与美誉度有了显著提升，产品销量也大幅提升。

口碑营销成功与否，主要是看这种产品能"感染"多少目标受众，"感染"的强弱则直接影响营销传播的效果。在这个信息爆炸的时代里，消费者对所有媒体广告都具有极强的免疫能力，只有打造出新颖的口碑传播内容，才能引起消费者的关注与议论。比如，"水煮鱼皇后"是淘宝千千万万卖家中的一个，这家小店主经营服装、时尚用品等。店主年纪轻轻却月入两万，可谓集美貌、智慧、财富于一身。她的网络人气很高，被网友封为"淘宝第一美女"。"月入两万""淘宝第一美女"的口碑诱发了全方位的营销。阿里巴巴、酷六、全球购物资讯网等多家媒体，纷纷邀请"水煮鱼皇后"做专访报道；土豆网、新浪播客竟然邀请"水煮鱼皇后"参加节目。网友们在热烈地讨论她的事迹，论坛中有很多照片、视频留下她美丽的身影，有一群铁杆"粉丝"还为她布置、维护个人贴吧。"淘宝第一美女"可以称得上是淘宝的品牌形象符号，她可以吸引更多的买家、卖家涌入淘宝交易。所以，口碑营销的内容要新颖奇特。

对于这三种形式的口碑营销，企业需要以适当的方式从正反两个方面衡量其影响和财务结果。计算价值始于对某一产品的推荐以及对劝阻次数进行计数。这种方法有一定的吸引力并且比较简单，但是也存在一大挑战：企业无法解释清楚不同种类的口碑信息对用户产生的影响。对于用户来说，由于家人的推荐而购买某产品的可能性明显高于陌生人的推荐。这两种推荐可能传达同样的信息，而它们对接收者的影响却不大相同。事实上，高影响力推荐，如所信任的朋友传达的相关信息导致购买行为的可能性是低影响力推荐的很多倍，这也从另一方面说明，企业的确需要更好地利用口碑进行营销。

第三节　文化营销：以人为本

美国社会学家 L·布鲁姆认为，文化的概念是指在群体经历产生的代代相传中，有着共同的思维方式，它是一个社会的生活方式以及适用于其成员的知识、信仰、习俗和技能。简单地说，文化营销就是利用文化力进行营销，是指企业营销人员及相关人员在企业核心价值观念的影响下所形成的营销理念与所塑造出的营销形象，两者在具体的市场运作过程中所形成的一种营销模式。

文化营销是企业经营活动中，针对目标市场的文化环境采取一系列的适应策略，以减少或防止企业与异域文化的冲突，进而使文化适应经济并与经济融合的一种营销方式。一般而言，文化营销包含两个方面的内容：一是文化适应。了解目标市场文化环境，在营销中充分考虑其文化特点，避免与当地文化、宗教禁忌等相冲突。二是积极主动地使用文化策略。在国际营销中，要避免文化冲突，被动适应目标市场的文化习俗是不够的，还应积极主动地采用措施，巧妙地使用文化策略，以达到"以夷制夷"的目的。

例如，日本在我国推销汽车时，恰当地使用汉语中的古典诗词，创作出了"有朋自远方来，喜乘三菱车""车到山前必有路，有路必有丰田车""古有千里马，今有日产车"等广告名句。这些极富中国传统文化的诗句，很快被中国人所接受并得以广泛传播，收到良好的促销效果。

在上海的星巴克有一项叫作"咖啡教室"的服务,把"喝咖啡、卖文化"做到了极致。如果四五个人一起去喝咖啡,星巴克就会为这几个人配备一名咖啡师傅。顾客一旦对咖啡豆的选择、冲泡、烘焙等提出问题,咖啡师傅会耐心细致地向顾客讲解,使顾客在找到最适合自己口味的咖啡的同时,感受到星巴克所宣扬的咖啡文化。文化给其较高的价格一个充分的理由,顾客由此获得心理上的莫大满足,真正的赢家却是星巴克。

在这家咖啡店里,员工是传递咖啡文化的主要载体,咖啡的文化价值通过员工的服务才能提升,因而员工对咖啡体验的创造和环境同样重要。事实上,星巴克的员工就如同咖啡迷,他们可以详细地解说每一种咖啡产品的特性,而且善于与顾客进行沟通,预测他们的需求。员工在星巴克被称为"伙伴",因为所有人都拥有期权,他们的地位得到了足够的尊重,也为星巴克品牌做出了极大的贡献。

星巴克认为,人们的滞留空间分为家庭、办公室以及除此以外的其他场所。麦当劳努力营造家的气氛,力求与人们的第一空间——家庭保持尽量持久的温情关系;而作为一家咖啡店,星巴克致力于抢占人们的第三滞留空间,把赚钱的目光聚焦在人们的滞留空间,现场不仅有钢琴演奏欧美经典音乐,还有欧美流行报刊、精美饰品等配套设置,力求给消费者带去更多的"洋气"感觉。让喝咖啡变成一种生活体验,让喝咖啡的人感觉很时尚,很有文化气息。

作为一种全新的营销思维，文化营销自产生以来，被企业广泛采用，为企业开展跨文化经营管理提供了有利的经济条件。但是，仍然有一些企业未能理解文化营销的精髓，所以在企业采用文化营销策略过程中，必须正确处理好以下几个问题：

第一，商品包装既要有一定的文化特色，又要符合消费者的生活习惯或文化倾向。在设计商标时，不仅要确保商标能为消费者所接受，而且要易认、易记，能给消费者留下深刻印象。但这种设计不要使消费者产生误解。如"芳芳"化妆品，译成了"Fang Fang"，而英文单词"Fang"译为"毒蛇的牙齿"，所以该化妆品进入英美市场必然要受到一定的限制。在选择包装图案时，要选择目标市场消费者喜爱的、乐于接受的图案，而不应当忽视他们的文化倾向。如"蝙蝠"电扇初进美国市场并不受欢迎，就是因为中国人认为"蝙蝠"是吉祥的象征，美国人却理解为"瞎而疯狂并有吸血"之意。

第二，要针对不同目标市场的文化差异，恰当地运用文化营销策略。在企业开展营销活动时，必须对目标市场有充分的了解，考虑到文化差异对营销的影响，避免给企业经营带来损失。例如，西方国家新娘的婚纱一般为白色，因为西方文化中白色代表了纯洁和高尚。然而，当一家美国公司向沙特推出以白色为基调的系列婚纱时却惨遭失败，原因很简单，因为在沙特白色代表了死亡。所以企业在目标市场上采用何种文化营销策略，直接关系到企业经营能否取得成功。我国的新疆地毯厂生产的"圣洁"牌地毯，在阿拉伯国家十分畅销，独占鳌头，其原因就在于巧妙地运用了文化营销策略。他们在地毯上装上罗盘针，伊斯兰教徒只要把毯子一铺，就可以准确找到圣城麦加的方向，因此深受他们的欢迎和喜爱。

第三，在采用文化促销策略时，也必须注意文化因素的影响。主要表现在：广告语言和创意上要适应目标市场的文化需求。广告语言要精练，便于理解，在译成外文时不至于使消费者产生误解，或触犯目标市场的文化禁忌。在广告创意上，要预见接受群体对企业产品的排斥或认同程度，以此作为广告创意的基础。此外，企业要在公关活动中把消费者摆在应有的高度，加深对目标市场文化的理解，从而达到预期的公关效果。

第四，文化营销是基于一个企业所提出的品牌和核心价值来定义的。企业会以获得良好的社会口碑而进行自身价值的定位。因此，文化营销就是宣传一种正面的、积极的、良好的效果和意义。这就是企业深层发展所必需的一种力量。

第五，文化营销不是单一存在的，它是一种具有针对性、计划性的全面的营销模式；市场的开拓者只有对整体的市场有全面的了解之后才能进行文化营销。因此，要想进行文化营销，首先要对整体的市场进行全面的考察、研究。

我们知道营销世界唯一不变的真理是：要他为你心动。除了直接的消费者利益刺激，满足消费者情感诉求以及感性营销也是老生常谈的营销方式，而娱乐品牌营销为传统营销注入了新的血液，成为握在营销人员手中的新式武器。

娱乐品牌营销简单地说，就是整个营销过程从内容到输出的设计上，增加娱乐元素，或者借助娱乐形式从情感上打动消费者，使其萌生喜爱，从而助推销售。进一步探究，娱乐品牌营销则需要我们对娱乐资源市场有深入的了解，对不同娱乐资源的特性、玩法等有专业的理解并积累一定的经验，同时掌握市场上各个工业玩家的不同特点与优势，如此才能为品牌合作甄选出合适的娱乐资源平台，创意出有娱乐特性的品牌内容，并能应对和解决在合作执行阶段出现的种种突发状况。

第四节　活动营销：整合有效的资源

活动营销英文为 Marketing activities，国内有人把他直译为"事件营销"，这是不准确的。活动营销是企业通过介入重大的社会活动，或整合有效的资源策划大型活动，从而迅速提高企业及其品牌知名度、美誉度和影响力，促进产品销售的一种营销方式。

如以上所定位，活动营销是通过对活动的精心策划，形成明确的主题，以达到企业想要的效果。为了有效地宣传品牌，不仅需要将广告、公关、促销、推广等方法集合起来，还要结合关系营销、品牌营销、数据营销等要素，是一个全新的营销战略。

企业产品的广告等都是通过媒介让消费者了解的，比如说电视、网络、报纸、杂志、路牌等，使得产品与消费者产生联系，而活动营销却是直接与消费者进行交流的，与消费者面对面地接触。它让消费者由被动变成了主动。对于消费者而言，他们都是被动地去接收新闻资讯、广告介绍的，而活动营销则是吸引目标消费群体的关注，让他们主动参与，通过对活动的体验，更好、更多地了解到产品、品牌、服务等相关信息。活动营销的传播率更高，传播面更广，产品或服务信息、品牌信息都能快速地被用户所接收，从而获得销售量的增加，这也使得企业能够获得更多的收益。

企业能否举办一场引人注目的活动决定了活动营销的效果，

但是缺点就在于之后会出现短暂的冷清情况，企业很可能在这之后止步不前。活动现场虽然可以吸引消费者的眼光，但是不一定能够留住消费者的眼光，如果把活动营销仅仅局限于这个阶段，可以说是对资源的极大浪费。通过前期的预热、宣传、导引等环节掀起第一次高潮，在这个阶段企业的品牌已经聚集了大量的关注度。利用这些关注度，通过后期工作的跟进则又能掀起一波大的高潮，活动营销真正的效果在这个时候才算是比较完整地展现出来。

营销市场的开发和维护是一场持久战，不可能出现一劳永逸的情况。一次活动即使是成功的，甚至是轰动性的，其影响也是有限的，不能永远持续下去，因此企业在策划活动营销时一定要注意，活动营销要具有连续性。在主题统一的前提下，几个甚至十几个活动环环相扣，承前启后，才能对市场和消费者形成一波接一波的冲击。因此，企业最好制订年度活动计划，形成活动之间的联动效应，突出同一主题，形成统一风格，这样才能最大程度地保障活动营销的效果。

另外，举办活动营销的企业必须明白，活动营销分为以下几类：

（1）企业活动营销。活动营销是近几年大多数企业常用的销售手段。它是营销部门集中精力举办一场活动，以产品促销、提升品牌、增加利润为目的而策划实施的一种营销手段和营销模式。企业活动营销的形式有产品推介会、发布会、路演、促销活动、赞助各类赛事论坛、系列主题活动等。借助活动营销可以提升企业的媒体关注度，促进消费者体验与沟通。企业对活动营销介入的程度是不同的：有的是通过赞助活动来向市场推广他们的产品和服务；有的是通过和政府合办活动来达到获取政府资源的目的；有的则为自己量身定做专门的活动来发布新产品，增加销售，并强化公司形象。国际奢侈品进入中国市场大多采用活动营销。

（2）城市活动营销。活动营销不仅是企业产品销售的方法，同时也是城市营销的有效手段。对一座城市而言，有计划、有目的地策划某项大型节会、赛事、论坛等活动，并围绕活动的策划和组织对城市的文化进行挖掘，对城市的基础设施进行改造，对城市的环境进行优化，对城市形象和品牌进行宣传推广，最终借助活动促进城市经济的发展及品牌价值的提升。如海南省三亚市借助举办"世界小姐"总决赛提升城市的国际影响力，并吸引大量海外游客；广州借助亚运会对城市基础设施进行改造，同时对城市环境进行治理，彻底改变了原有的"脏、乱、差"局面，使得广州的城市面貌焕然一新；海南省的博鳌则借助"博鳌亚洲论坛"一夜成名，由小渔村一跃成为国际知名海滨度假城市。

（3）媒体活动营销。媒体活动主要是由媒体发起并策划组织的，是以丰富和完善媒体自身内容为主要目的的活动。随着媒体资源的过剩，媒体越来越多地借助活动来吸引受众和商家的注意力。《超级女声》就是一个成功的媒体活动，并最终演变成了一场由湖南卫视主导，吸引互联网媒体、平面媒体、手机媒体等高度关注的社会文化事件，创造出了非凡的品牌价值和经济效益。同样，世界杯期间，央视五套利用独家买断赛事的转播，使其在该时段的收视率飙升，广告收入达到平常的数倍。

（4）非营利组织活动营销。非营利性组织举办的一些公益性活动，主要靠一些企业或机构的捐助来进行；而所有的捐助主要是出于道德方面的考虑，属于善行善举，捐助者基本上不会考虑经济上的回报，捐助者大多成了无名英雄。其实非营利性组织完全可以借助活动营销来加强道德驱动和利益回报。借助活动整合社会资源、媒体资源、明星资源，通过活动影响力扩大对自身的宣传，也可以利用活动平台回报赞助企业，提升赞助企业的品牌知名度和美誉度，实现多方共赢。例如，由香港世界宣明会主办的一年一度的"饥馑三十"大型筹款活动在香港仔运动场隆重举行。活动吸引"饥馑之星"——众多明星与几千名营友，身体力行共同饥饿三十个小时，亲身感受饥民的痛苦。众多明星的参与以及媒体的大量报道使得"饥馑三十"这个活动充满了感召力，也让宣明会这个组织的理念深入人心。

一场出色的活动营销不仅能够吸引消费者的注意力，还能够传递出品牌的核心价值，进而提升品牌的影响力。其关键是要将品牌核心价值融入活动营销的主题里面，让消费者接触活动营销时自然而然地受到品牌核心价值的感染，并引起内心的情感共鸣，进而提升品牌的影响力。

第五节　植入营销：策略性融入影视剧或电视节目

植入营销是把产品或品牌及其代表性的视觉符号，甚至服务内容策略性地融入影视剧或电视节目的内容中，通过场景的再现，给观众留下产品及品牌的印象。这其实是一种隐性广告。

植入营销分为场景植入、对白植入、情节植入、形象植入四种运作模式。

场景植入是指把企业品牌或商品作为发生故事的场景或场景组成的一部分出现。

对白植入是在影视剧中通过角色的对话，巧妙地将品牌植入其中。电影《阿甘正传》里有一句广告台词："见美国总统最美的几件事之一是可以畅饮'彭泉'汽水。"在电影《一声叹息》中，女主角时不时地提醒自己的亲朋好友："我家特好找，就在欧陆经典。"

情节植入是把某一商品制作成与电影情节紧密相连的一部分，商品不单单是出现在生活场景或人物对白中，而是几乎贯穿于整个故事。比如贺岁片《手机》中，电影几乎是摩托罗拉手机的品牌秀场，只是这种纯粹的情节植入忽略了电影情节与品牌形象和个性内在的契合性，虽增加了摩托罗拉品牌的曝光率，但无助于其品牌形象的提升。

形象植入是根据品牌所具有的符号，将某一品牌商品或服务植入影视剧情中，成为故事主人公个性和内涵的外在表现形式，同时通过故事情节或生活细节的呈现，不断演绎品牌原有的意义，丰富品牌内涵，增强品牌的个性，进一步提升品牌形象。

相比于硬性营销广告，植入营销这种柔性的信息传播形式，能够让客户在不知不觉中受到品牌的感染。

首先是强制性接收，到达率高。这里的优势主要是针对电影而言。有人曾把电影观众称为"暗夜的人"，黑暗的环境把电影的交流系统与周围日常空间隔离的同时，也把观众同他所体验的现实隔离开来，使其全身心投入电影的世界。所以，只要你坐进了电影院就等于选择了收看，强制性地必须接受广告的刺激并且无从闪躲，广告因此有很高的到达率。更要注意的是，观众没有为了看广告多付出时间成本。

其次是容易产生名人效应。影视大片无一不是明星云集，但商家借助植入营销只需要较低的价格就可以让众多明星为自己的产品或品牌服务，更何况还有重量级的导演和精良的制作班底。

最后是持续时间长而且影响广泛。作为一种大众娱乐的艺术形态，影视剧的生命力强。它不但在影院放映还可以在电视台、网络中播出，而且可以反复播放无数次。如果是一部优秀的电影，广告与其情节配合紧凑，这个产品广告的影响是其他仅仅十几秒的广告所无法匹敌的，它延长了消费者对产品的记忆时间，加深了记忆程度。因此，电影隐性广告对于人们的影响是长久与广泛的。

据说，植入营销是与电影同时来到这个世界的。当法国的卢

娱乐品牌营销

米埃尔兄弟发明电影之后，就曾多次找厂商提供产品做布景和道具。之后，美国福特公司就有了向好莱坞制片商出租汽车拍摄电影的想法。一些电影史学家回忆，20 世纪 30 年代，电影大师卓别林曾采用法国时尚女王可可·夏奈尔设计的服装。进入 21 世纪以来，影视剧中的植入营销开始呈现泛滥之势。影片《变形金刚》共植入了 68 个品牌广告，收入超过 4000 万美元。正如一位商界人士所言："我们正从一个营销沟通的'打扰时代'进入一个'植入时代'。"

在特别重视艺术性的法国电影中植入营销也开始大行其道。法国电影《不要告诉任何人》制片方与美国雅虎公司签订植入广告协议：电影在表现两位主角联络时，使用雅虎邮箱发送邮件，而雅虎公司负责这部电影的推广宣传。韩剧植入广告的兴起是在 21 世纪初，在一部名叫《火鸟》的电视剧中，男主人公被设定为一家 MP3 播放器生产企业的副社长，使得大众还比较陌生的 MP3 播放器成为流行时尚产品。

据调查，好莱坞影片中植入营销最多的是汽车广告。《007 之金枪人》多次出现 BMW 汽车的情景。在此后的许多动作大片中，丰田、福特和通用的汽车时有登场。在《黑客帝国Ⅱ：重装上阵》中，两款凯迪拉克汽车和一台意大利杜卡迪摩托车上演飙车大赛。除汽车外，电子产品广告也是好莱坞影视作品普遍植入的对象。在美剧《摩登家庭》中，刚刚上市的苹果公司新产品 iPad 平板电脑粉墨登场，想借这部电视剧的人气吸引更多消费者购买。烟草和酒精饮料的身影也不断在影视剧中出现，好莱坞硬汉史泰龙曾从美国烟草企业布朗·威廉姆森烟草公司那里获得 50 万美元的广告费，在至少 5 部故事片中植入香烟广告。在美国 HBO 有线电视网制作的美剧《欲望都市》中，享誉国际的顶级烈酒品牌"绝对伏特加"成为重要内容。植入烟酒广告有时候甚至成为逃脱法律限制的一种方式。法国法律明确禁止在电影和电视剧中出现香烟和酒精饮料广告，但植入烟酒广告却屡禁不止，导演总是以艺术至上为借口搪塞过去。

在美国的影视基地好莱坞，因其影片中存在大量的植入广告，许多业内人士和公益团体开始对这种不顾影片质量的广告植入提出质疑。一家名为"警惕广告"的团体认为，现在广告植入已经到了无处不在的地步，许多此类广告与故事情节贴合紧密，会使观众受到无形影响，影视作品必须要在开头或片尾处加以标注。韩国也出台了类似的法律。美国编剧工会也对公司强迫植入广告编写剧本的做法提出异议，工会认为这会使成千上万的观众在不知情的情况下受到广告的狂轰滥炸。

韩国的某家电影制片厂的工作者认为，观众对于与剧情结合得严丝合缝、透露出高超心智的植入广告还是能接受的，但如果是生硬的、突兀的广告甚至对场景和剧情的观感产生了影响，就会产生反感的情绪。也有观众表示，"与其让演员拿着一个没有商标的饮料，还不如拿某品牌的产品更真实"。这说明植入广告不是问题，真正的问题是如何植入。

植入营销虽然已经出现多年，但作为大规模、成体系的广告投放方式，还是一个新生事物。到底怎样植入才最好，各国影视产业和相关监督部门都在探索中。

第六节 话题营销：运用媒体的力量以及消费者的口碑

提到话题营销，企业领导者和广告创作者首先想到的是博客与博主，而且往往很多人也只能想到以上两者。实际上，话题营销也不一定是单纯的博客营销，还可能包括或涉及多种营销策略，比如以社区发帖、回帖与置顶为主体行为构成的社区营销，以受众或消费者自发传播为目标的口碑营销，针对某话题实施的媒体报道与软文营销，等等。

话题营销主要是运用媒体的力量以及消费者的口碑，让企业的产品或服务成为消费者谈论的话题，以达到营销的效果。最常见的传播平台就是社会化媒体。社会化媒体抛出一个话题，可以采用幽默形式、恶搞形式、争议形式、社会热点形式，引发更多的人去关注甚至讨论，相关的产品和服务因此会受到更多的关注。一个话题的抛出，如果不利用多种媒体形式进行持续报道，很有可能石沉大海。所以，在话题营销中，仅靠一个有传播性的话题开展营销是远远不够的，还要尽可能地将一切可以利用的资源结合起来，为这个话题提供更多的营销助力。除了电视媒体，还可以利用报纸媒体、网络媒体进行报道，在各种媒体的整合营销下，话题的覆盖面就广了。

目前，话题营销已经成为快捷、有影响力的营销方式之一，许多企业争先恐后地加入到这个行列中来。然而，企业引入话题

第四章 让消费者"潜移默化"地接受品牌信息

营销的最终目的是什么呢?

此类营销主要是运用媒体的力量以及消费者的口碑,让企业产品或服务迅速进入消费者的心中,以达到营销的效果。其核心是"我有话题,等你来发现、讨论、扩散",这可以认为是一种"勾引"媒体传播的营销方式。

话题营销有两种表现形式:一种是经过蓄意制作出来的话题,另外一种是由潜在消费者或利益相关者自发发起的话题。以上两种表现形式简要概括为由主体发起的话题营销,以及由客体发起的话题被主体顺势引导形成的话题营销。

主体发起的话题,其内容是企业事先构思好的,然后由微博、博客、论坛、官网等平台进行话题的传播。这种话题营销是企业掌握主动权。企业只有选择精准的话题,并经过缜密规划、合理引导,才能发挥话题的营销效果。比如两家家电巨头的价格战,就是其中一位家电巨头蓄意谋划的话题营销,它通过微博这个平台发动话题,约架成功,最终使得自己的企业成了近日媒体关注的焦点,继而获得了大批量免费报道的机会。

由客体发起的话题,往往是企业先在产品或服务上有优异的表现,促使顾客从满意层面上升到感动层面,于是对企业的产品和服务产生良好的口碑,继而形成褒奖性话题,抑或是基于其他种种原因,促使顾客或利益相关者自发发起话题,来评价企业的产品或服务。比如,现在很多企业建立官方微博,对在微博上关于他们产品的评价进行监控,然后及时做出反应,并与顾客互动。企业往往可以通过以上过程并借顾客之力顺势制造话题营销。

无论是哪种产品的营销,其过程就是一种沟通方式。简单来说,就是"把话说出来,把钱收回来"。目前这种"沟通方式"有很多种,比如传统的广告传播,企业发布信息,消费者接受信息。但这种方式往往是被动的、单向的,且沟通效果越来越差,原因是:一是企业抛出信息,顾客不一定能够看到;二是即使顾客看到信息也未必会"过脑子",自然也就无法把信息转化为自己的深层记忆,最终企业处心积虑发起的传播被白白浪费了。话题营销则强调释放诱饵,这个诱饵就是话题,目的就是激发参与者自发传播的能力。如同很多人聚在一起都会讨论一些新闻、交流一些热点,这些其实都是话题。

作为社会人,我们每天都离不开各种各样的话题。随着信息传播速度的不断加快和"个人媒体时代"的来临,我们每个人都可以通过多种途径表达自己的观点,这就从另一个侧面扩展了话题传播的渠道。

很多企业像得到上天的灵感一样,瞬间明白话题营销是一种低成本的传播方式,它可以帮助企业花小钱、办大事。话题营销通常采取以下几个步骤:

(1)创意选题。这个过程要提前构思好创意并寻找大众喜欢的话题。

(2)植入捆绑。有了好的话题,企业领导者及广告制作者也要懂得植入想要营销的产品或公司信息,或者在话题讨论中捆绑自己的产品或品牌。

（3）推波助澜。企业要针对话题的讨论，起到推波助澜的作用，助力话题波及更广泛的群体。

（4）跟踪引导。企业实施话题营销必须懂得何时该收，何时该放，把话题引向本企业想要达到的目的，防止话题偏离企业营销的最终目的。

（5）评估效果。企业要想达到营销的目标，就要对话题产生的影响力及时做出正确判断，并总结经验，这样才能更好地运用话题驱动帮助企业开展更多有价值的低成本营销。

当企业计划实行话题营销时，要防止由缺乏明确目标而导致整个营销"流产"的情况发生。可以说，话题营销不应该是孤立、随意、盲目的，一个好的话题营销一定要与企业的目标或整体的经营计划相关。例如美国眼镜电商瓦尔比派克眼镜公司（Warby Parker）通过互联网销售眼镜，其模式非常简单：全部采用单一定价，每副眼镜售价95美元，每次送顾客5副眼镜供挑选。顾客可以在5天内做出决策，在这5天当中顾客可以通过询问亲朋，或者请瓦尔比派克眼镜公司在脸书上的专家提供参考意见。顾客在选好自己要购买的眼镜后，把其余4副眼镜退回来，然后在网上下单订购自己最喜欢的一款。可以说，这是一种独特的销售模式，且顾客不会为此承担任何风险。

以上的销售本身就是一个很好的话题，顾客一次选择5副眼镜，并要戴给身边的人看，然后就此做出讨论，甚至还要发出照片让朋友帮助决策，无形中变成了大众的谈资。此外，瓦尔比派克眼镜公司更善于制造话题，比如在愚人节到来之际，推出了一项有趣的眼镜定制服务——瓦尔比派克眼镜公司为顾客的宠物狗定制眼镜。瓦尔比派克眼镜公司的设计师们为宠物狗专门设计了5款经典复古风格眼镜，当然，狗主人也可以获得与爱狗的配套款眼镜。瓦尔比派克眼镜公司官方声称："再也没有什么比让一只可爱的宠物狗戴上一副丑陋的眼镜能让我们'厌恶'的了——而这正是我们推出5款限量版宠物狗特色经典复古眼镜的原因，每一副眼镜都是经过精致设计与加工的。不管你的宠物狗是否经常收藏骨头，舔不雅之处，还是叼着拖鞋到处跑，我们相信所有的狗狗都应该拥有这样一份漂亮的礼物。"这套为宠物狗定制的眼镜售价依然是95美元，瓦尔比派克眼镜公司还会根据宠物的品种、脸型、年龄等为其选择最合适的眼镜。面对瓦尔比派克眼镜公司略显雷人的举动，顾客可能一笑置之，但总有一些宠物狗发烧友对此跃跃欲试，用瓦尔比派克眼镜公司设计的眼镜装扮自己的狗。于是，一个小创意为瓦尔比派克眼镜公司免费赢得了不少新闻版面。

瓦尔比派克眼镜公司最终成为世界上第一家为宠物狗定制眼镜的电商，新奇的举措让该公司进一步提高了知名度。此种话题自然促进了该公司的业务模式——个性化定制：单一定价，每副95美元。

因此，话题营销首先要构思一个好的话题，即话题本身要诱人、有趣，最好具备新闻价值。另外，话题要与企业传播的信息产生正向关联。瓦尔比派克眼镜公司给宠物狗配备与主人相同待遇的眼镜，都是借此强化该公司的核心业务——每副眼镜95美元，每次送顾客5副供挑选。我们都知道，给宠物狗配镜不是常态，却是新闻；给人配镜是常态，但不具备自发扩散传播的功效。二者有机结合，必将发挥出话题营销的价值。

成功的话题营销在于先期谋划，更在于过程控制。先期谋划要做好计划，构思好，分阶段进行设计。

首先，要定好主话题，再设计好辅话题。因为有些话题很容易"流产"，企业必须懂得适当加一些辅助的"保胎之药"。这说明，企业在策划话题时，不仅要有主话题，而且也要有分话题，只有这样，企业才能持续创造新鲜感，谈资才更有生命力。其次，要懂得分阶段展开，即前期需要投入什么资源，影响哪些人或媒体，后期又要哪些人介入，达成什么结果，企业要预先设计好，只有这样才能将话题营销有序推进。

另外，要对话题营销进行密切监控。企业应根据营销进程，灵活调整营销速度。因为话题营销是卷入式的，其中可能会出现变数，可能有些人是既定的参与者，也有些人是临时"打酱油"的，还有些人是突然介入的。所以，企业要懂得顺势而为和因势利导。在这里，如何有效利用参与者的价值，并发挥出他们在话题营销中的作用，就变得非常关键了。

第七节 体验营销：渗透到销售市场的任一角落

哥伦比亚商学院国际品牌管理中心创立者兼主任、哥伦比亚市场营销管理高级管理培训项目副主任伯德·施密特，把体验营销划定为感官体验、情感体验、思考体验、行动体验和关联体验五个层面，形成了体验式营销的构架。体验是复杂的，又是多种多样的，这些体验形式经由特定的体验媒介创造出来，目的是最终达到企业设定的营销目标。

在企业产品营销的过程中，体验式营销无疑是一种最实惠的销售方式。但是，许多中小企业使用体验式营销这一策略时，往往达不到最初设计的理想效果，从而导致操作失败。问题究竟出在哪里？

第一种错误，片面地认为体验式营销就是做好产品或服务。实际上并不是这么回事，成功的体验式营销是给消费者提供一种高于产品或服务、愉悦而深刻的精神体验，服务和产品只能说是其中的手段、工具与传递载体。

第二种错误，始终觉得体验营销只能发生在服务性企业。这与第一种错误相似，凭自己想当然地认为，体验营销等同于服务或只能应用于服务领域。其实任何类型的企业都可以使用体验营销，传递体验的载体也不仅限于服务，比如在产品设计上注重顾客的体验，商品功能的体验化设计、购买环境的体验布置等，有意识地塑造与消费者接触的各个环节的体验，完成体验式营销。

第三种错误，认定体验营销是那些大企业才有能力去做的，需要的经济成本、要求的操作水平都很高，中小企业是远远达不到这种水平的。事实恰恰相反，体验式营销是低投入、高回报的"平民化营销工具"，尤其适合中小型企业，星巴克不也是由一家小咖啡厅做起的吗？

第四种错误，按理论照猫画虎，把那些发达国家的体验式营销理论完全搬过来套用。不考虑我国消费市场环境，必然会导致市场回报不尽如人意。体验式营销的作用毋庸置疑，但其发端在西方经济发达国家，其经济特点、文化特点、地域特点同中国都有着很大的差别，因此体验式营销在中国的实际应用要与本土的经济、文化特点相融合，即形成"中国式体验营销"，这样才有实际的应用价值。

第五种错误，认为体验营销太虚幻了，即使实施起来也不会产生多大的效果，对促销产品没什么直接帮助。其实体验式营销并不是一个虚幻的概念，它离中小企业非常近，就发生在我们身边，请看下面一个情景片段：

一位女士在一家饰品店看中了一枚精致的胸针，便迫不及待地买了下来。因为店主找了她很多零钱，她和店主发生了争吵。回到家，这位女士怎么看这个胸针怎么别扭，没了当初的那份喜爱。

其实，这个简单的交易过程就是一个传递体验的过程，产品本身没有问题，但因为与店主发生的不愉快使这位女士产生了负面的购物体验，最终这种情绪又转嫁到了商品上，我想这位女士再也不会去那家饰品店消费了。

再看一个情景片段：

一位先生请朋友去一家韩式餐厅吃饭，走进餐厅就被地道的韩式装修环境所吸引，说着韩语的服务人员用韩国的礼仪接待顾客，还有韩国特色的餐具、菜肴、音乐，无处不体现出韩国特色情调。这位先生与朋友就餐后，觉得这家餐馆的菜是最正宗的韩式料理，以后常常光顾。

其实这家餐厅的菜和其他餐厅的韩国菜没什么区别，只是这位先生和朋友获得了美好的相关体验，综合后在情感上为商品加了分。

与以上的两个情景片段类似的情况常发生在我们身边。如果我们能有意识地通过一些技巧、方法来掌控这一体验的过程，使这种体验给消费者留下深刻、美好的记忆，如后面的情景片段中那家韩式餐厅一样，不仅可以塑造品牌，同时还可以促进销售，反之亦然。

法国"琉璃时空"工艺品店也是充分利用体验营销的典型案例。整个建筑都是由玻璃制品来装饰的，6个不大的产品展厅各具特色，有中国传统风格、法国风格、美国风格、日本风格等，每个展厅都充满了对应的文化气息，色调也分为热情的红色、典雅的紫色、自由的绿色等，不同的音乐与灯光相配合，让你有一种走进世界各国、穿行于时间与空间的感受。商品在这样的环境映衬下，也显得格外华贵，充满文化气息，极容易使人产生购买的欲望。衣着考究的服务人员也不会喋喋不休地向你介绍或推荐，只是安静、自然地站在一个固定的位置，视线微微向下，给客人一个充分自由，不被打扰欣赏、选购的空间，只有你询问的时候，她们才会轻盈地走过来，步伐幽雅端庄，让人觉得她们就是这个厅堂的一部分。当然，这家店的商品价格也确实不菲，一个市场售价100元的琉璃灯在这里要600多元，但你绝对相信物有所值，它一定不同于市面的同类产品，虽然事实并不见得如此。

通过上面的三个案例，我们可以看出体验营销不仅限于大企业，更是各类中小型企业营销活动中低成本、高回报的营销利器，关键在于你是否能灵活运用，善于挖掘，因为体验营销的资源本就在你手中，如何挖掘、利用，完全取决于你的思维。我们来研究一下体验式营销在中国市场该怎样操作。

体验营销是使顾客产生超越于产品或服务本身的好感，给其留下深刻印象，反过来，这些美好的体验又会落到产品与品牌上，从而达到消费者认知、喜好产品与品牌并促成购买及重复购买，甚至非某品牌产品不买的一种营销方式，也是企业拉近与消费者距离的一个好方法。具体操作可分为四步：

第一，企业首先要进行目标消费者的选择，即通过定位来划分出你要展开体验营销活动的对象，对不同类型的顾客提供不同方式、不同水平的体验，比如，男性和女性，成年人和儿童，体验的方式自然不同。很多企业设计的体验营销方法非常单一，针对所有顾客，没有人群细分，妄图男女老少通吃，结果却是消费者都不买账。因此，对细分人群的选择也很重要。值得注意的一点是，在我国，受教育程度、经济收入等因素影响，大城市、高教育程度的高收入人群更容易接受体验式营销。

第二，人群确定后开始对选定的目标消费者进行市场调查，以获取准确的消费者信息。必须保证信息的客观、真实、有效，调查人员要真正走向市场，而非坐在办公室进行推断。之后对所得数据进行分析，深入了解目标消费者的特点、需求、顾虑、消费水平、文化结构等。

第三，以准确翔实的消费者数据为基础，从目标顾客的角度出发，以商品为媒介，以服务为手段，为消费者设计、提供想要的、独特的、有价值的体验，同时使其获得实质的利益。重点是要清楚顾客的利益点和顾虑点在什么地方，根据其利益点和顾虑点，决定在体验过程中重点展示什么，回避什么。然后通过恰当、便捷的方式让目标顾客进行体验。

第四，根据行业、产品的不同，确定好评判标准，用以监测、修正活动。在实行体验式营销后，还要对整个活动运作进行总结，比如，成本回报率，需要改进的地方，值得保留的地方，顾客反馈意见，等等，以便下次活动有据可依，做得更好。

体验式营销的精髓就是让客户参与销售其中，亲身体验产品的功能，通过对不同产品的对比，体现销售产品的优点，从而进行一系列产品的销售的行为。体验式营销，在全面客户体验时代，不仅需要对用户进行深入和全方位的了解，而且还应把对使用者的全方位体验和尊重凝结在产品层面，让用户感受到被尊重、被理解和被体贴。

第五章

娱乐品牌营销成功的四大策略

第一节 锁定策略：精确定义你所期望的客户群

娱乐品牌营销包含四大策略，第一就是锁定策略，也就是说企业要精确定义自己所期望的客户群，迎合他们感情上的需要和对成功的期望。这是每一个成功企业的营销模式。

白酒行业面临消费者重新定位的问题，因为白酒的消费者年龄结构跨度长，18～70岁的健康人群基本上都在消费白酒。由于消费习惯和口味的不同，迫切需要细化消费群，不要想以产品来满足所有消费群。只有清晰地对消费群进行区分定位，才能使产品具有生命力和竞争力。

但实际上酒类企业存在一个致命的通病，就是不善于做消费群定位，企业的决策多半是领导的"拍脑袋工程"，随意性很大，在开发产品时不是先考虑消费者的需求和市场差异化，而是急匆匆地生产出产品，再坐下来考虑如何卖产品的问题。这就造成大多数产品缺乏清晰定位，推出的产品多而杂，消费者根本记不住产品，产品一上市便成为剩品。

综观当前成功酒企的发展，无不是以精准的定位、创新的特性来满足消费群的隐形需求。来看下面的案例。

"洋河蓝色经典"，通过对"70后"消费人群的研究发现，这类人群具有超前的消费意识和购买能力，他们业余生活丰富，有一定的时间与空间,并且逐步进入政商界,成为白酒的主流消费人群。他们独立意识较强,具有自己独立的价值观。他们追求白酒包装个性化,口味需求由传统"香"向现代"味"方向转变,入口绵柔、容易下咽、醒酒快、酒后舒适逐渐成为他们评价酒质好坏的标准。于是针对"70后"政商界人群,以精准的品牌定位,以"绵柔"为产品诉求,拉近与消费者的距离,抢占消费者心智,快速实现品牌的成功推广。

牛栏山酒业近几年来的快速发展也得益于口味创新,满足了消费者畅饮的需求,特别是"牛栏山陈酿"这一单品,被称为"酒汽水",全国销售量猛增,它的消费群定位就是"那些喝酒量不大,还不承认自己不能喝酒的人",满足显示酒量大的隐形需求,以低醉酒度和大众化价格取得成功。

锁定目标客户定位,就要给客户画一个准确的"素描",通过分析居民可支配收入水平、年龄分布、地域分布、购买类似产品的支出统计,将所有的消费者进行初步细分。当你有了一幅清晰的素描图像后,就可以低成本、快速、精准地找到目标客户,素描越准确,收入扩张速度越快,风险越小,成本越低,反之亦然。精准的客户素描方便销售系统快速地锁定目标客户群。

例如,中国动向公司 Kappa 运动时尚服装,在锁定自己的目标客户时,给他们画了一个非常生动的素描形象。Kappa 服装针对的客户群体就是那些"宣称要运动,也应该要运动,但从不运动的人",或者是那些"要有运动的感觉,但不希望出汗的人",这个客户素描非常生动,也很有趣。很多读者,尤其是企业家、中高级经理人都是 Kappa 标准的目标用户群。企业家、中高级经理人因为经常应酬，工作生活不规律，都变成了"三高"人群：有了脂肪肝，太需要运动了，却有多个理由不运动；同时，办企业、带团队都需要有激情，要有运动感，但他们却往往不想出汗。素描越精准、越独到，锁定客户的速度就越快，成本就越低，甚至客户会自己找上门来，这样成功的概率就更大，风险就更小。

好的开始是成功的一半，商业模式成功的起点就是精准定位目标客户群。

在娱乐品牌营销中，企业要做到精确定义自己所期望的客户群，知道哪类人群是自己精准定位的目标。如果目标顾客不买你的东西，就意味着娱乐品牌营销的设计失败了，或者有关键点尚未打通，这类客户群的订单要想尽办法拿下来。此外，除了锁定的目标客户群之外，还会有之外的一些客户购买你的产品或服务，企业要清醒地知道，哪类人是额外客户；而体现娱乐品牌营销成果的关键在于，锁定的目标客户群是否大量地购买了你的产品或服务。

第二节 扩展策略：拓展体验，给客户创造更多的机会

娱乐品牌营销的四大运作策略中的第二个是扩展策略，不仅能给客户创造更多的拓展体验机会，更能够给企业带来可观的利润。比如电影衍生产品就是一个很好的例子。在国外，有的电影衍生产品产值比电影票房大得多。比如一部电影票房3亿元，其衍生出的增值产品有可能卖到10多亿元。

"海洋之心项链很精致，这是男友送的礼物，想戴上项链和他一起去看3D版《泰坦尼克号》，相信爱情！""海洋之心"是片中女主角露丝佩戴的一款蓝色钻石项链。

不仅仅是剧中女主角佩戴的项链大火特火，甚至连船的模型也成了大家喜欢抢购的物品。在某家淘宝商店记录上，这款项链的月销售量达到了754件。店铺网页上介绍，出售的泰坦尼克号"海洋之心"为正版百年纪念款，材质主要是瑞士钻和925银，价格是378元。店长说："电影上映第二天，日销售就达到了120件，销售额达4.5万元。现在每天的预定量都有70件，销售热度再维持两三个月应该没问题。"店长表示，由于工艺上的要求，购买这款项链必须预定，最新一批的发货时间是5月初。

各网店热卖的"海洋之心"都是电影中的缩小版。除了项链，泰坦尼克号模型的销售也相当可观。电影上映期间，到电玩模型

店咨询购买泰坦尼克号模型的顾客大增,最近主要都在做这款模型的生意。店长表示,店内售价30元的泰坦尼克号模型,近期已经卖出100多件。

淘宝商城一家网店出售的泰坦尼克号模型立体拼图,售价102元,销售量达到了188件。网友"yly8679"在评论里说:"看完电影回来,老公就很激动,看到这个模型就更激动了,所以当时就买了,说要留作纪念。模型很不错,老公买回来拼了一下午。大概有一米多长的样子。"

此外,还有商家推出了泰坦尼克号100年纪念版的头等舱红酒杯,以及电影开头浮出水面的木盒等商品。比如网售沉船里打捞上来的木盒,价格一般在百元上下,一些网店的月销量都超过了300件。比较贵的也有800多元的限量珍藏版,里面装有15年前的《泰坦尼克号》DVD。

消费者在购买《泰坦尼克号》纪念商品时,一些商家还将四五元的泰坦尼克号仿制船票、哨子、海报等作为附赠品,颇得消费者好评。

一些精明的商铺老板为把握住电影相关产品的脉搏,会长期关注哪些电影是受观众热捧的,然后结合自己店铺的特点,在电影上映前几个月就进货,做好销售准备。一位业内人士介绍说,自家网店日点击量在1000人次,可推出泰坦尼克号相关产品的第一天,点击量迅速增加到29 000人次。

动漫电影《超能陆战队》中机器人"大白"的衍生品也成为

人们争相购买的对象,这个圆圆胖胖白色的看起来像充气玩偶的机器人,销售的确很火爆。在某网站正版衍生品销售平台上,"超能陆战队战斗套装"标价300元一套,"旅行套装"100元,包括收纳袋、"大白"帽子等,一个"大白"毛绒玩偶价格是50元。尽管价格不便宜,但这些衍生品销量依然火爆。在淘宝上,"大白"的T恤、公仔销售情况也相当喜人。东莞的一位卖家说,自家网店里的"大白"毛绒玩具一天就售出了2000多件。

"大白"衍生品成为人们的最爱,早已是相关人员计划中的一部分。根据《超能陆战队》制作方提供的资料,"大白"的角色设计用时近三年。设计过程中,"大白"曾拥有多个表情,还有一张可爱的小嘴,但随着动画制作不断推进,设计人员勾掉了"大白"的嘴,让它用眨眼、闭眼和肢体动作表达情绪。这种设计不仅贴合"大白"呆萌无害、温暖贴心的形象,还因为简单而有了更高的辨识度,适合网络传播,是理想的动漫衍生品原型。

好莱坞有一个团队专门策划动漫衍生品的营销事宜,在电影还未引起观众追捧前,就开始筹备谋划各种推广营销手段。比如,迪士尼一直强调动画电影衍生品的前瞻规划,在筹备电影时同步规划衍生品。《超能陆战队》还未在国内上映,片方就在上海做了一个高达12米的"大白"做宣传。有了这些前期准备,"小黄人""功夫熊猫"等好莱坞卖座动画不再只靠票房赚钱,其衍生品收入甚至能达到总收入的70%。

《哈利·波特》上映时,国内一个一线城市就大量销售其衍生品,包括模型、道具、服装、图书等十几种;《爱丽丝梦游仙境》

上映时，欧美时装界为这部电影推出的服装和配饰设计近 20 种，就连一个指甲油品牌都搭上了大卖产品的顺风车。有人曾做过统计，好莱坞电影衍生品的收入可以高达影片总收入的 73%，远高于电影本身的票房收入。很多电影公司在影片开拍前，就已经做好了衍生品的生产和营销计划，以确保衍生品能够同步甚至早于电影上映的时间问世，争取到足够的市场空间。

拓展体验给客户创造更多的机会，就是通过某种媒介传递的娱乐来给客户创造更多的机会，让他们以购买其他产品的方式来享受企业所提供的感情上的联系。

第三节 重复策略：创造一种客户和员工都想重复的体验

有些企业进行营销的时候总是飘忽不定，什么都想做，什么都想要成功。看到别人做 QQ 邮件营销不错，立即跟着做；看到别人微博做好了，也要做；看到 H5 火爆了，赶紧开始做；看到 APP 逆袭了，马上开通账号搞认证。结果是东一榔头西一棒子，得了桃子丢了西瓜，一个都没有做好。这些企业没有搞明白，娱乐营销的第三大策略是重复策略，这是一个简单实用的模式。

广告分三种：第一种是精彩得让你记住，第二种是劣质得让你记住，第三种是你什么也记不住。无疑，第一种广告是最好的广告，第三种广告是最差的广告。

美国导演丹尼·勒纳的《猎鲨》中有这样一句台词："我已经说过三遍了，无论什么，只要我说过三遍，就是真的！"这用来描述广告的投放效果似乎也很合适。广告专家艾尔文·阿肯保姆指出：广告展示存在一个下限，低于这个下限，广告信息与消费者就无法建立牢固的联系，广告就会浪费。研究同时发现，同样的广告播放多次会增加 20%～200% 的记住率，特别是对于消费者低参与度的产品，广告展示的频次需要更高才能达到诱发购买的目标。"脑白金"绝对是认识到了这一点，极有魄力地一年就在广告上投资十几亿元。

脑白金在广告方面的投入是巨大的，自2001年起，脑白金广告就成了一道电视奇观，一直在挑战人们的审美情趣和忍受底线。脑白金广告中的两个老人会的舞种挺多：夏威夷草裙舞——戴着花环，拿着沙锤扭屁股；交谊舞——一个穿西装，一个穿长裙；芭蕾舞——穿的都是白色的芭蕾服。口中唱着"今年过节不收礼，收礼只收脑白金"的广告语。

脑白金广告虽简单，却谨守了这一金科玉律，只通过相声生动演绎以及后来的老头、老太太等的表演，形象地传递出以脑白金为礼物可达到收礼者开心的效果。想想看，如果脑白金广告中不仅宣传自己是送礼首选，还孜孜不倦地讲解自己改善睡眠等多种好处，消费者恐怕也难以清晰地记得"收礼只收脑白金"了。

史玉柱的脑白金舍得为广告花钱，也请得起一流的广告公司，更有大量的职业广告人给他做广告创意提案。脑白金花钱拍的广告绝对不只是播出的这些，但是他为什么只用这样的广告，而不用那些看起来很美的广告？这里面有一个非常专业的问题：只有能把产品卖出去的广告，才是最好的广告。全美最差广告评选，乔治·路易斯的两条广告榜上有名，但这两条广告恰恰都排在"最优促销效果"的广告的前十位。

同样是大量的广告播出，当年名冠天下的白酒品牌"秦池"，最后只卖了40万元，而史玉柱的脑白金卖了1.43亿元。这是个什么概念？市场是无情的，它的准则就是"物有所值"，不以人的意志为转移。老板再有钱，那也是一分一分赚出来的，谁会傻到拿一个多亿去开玩笑？

史玉柱成功了，那些给史玉柱策划广告的不是天才，史玉柱才是中国的广告营销天才。

企业开展营销的策略很多，但很多企业常犯一种错误，就是把各种营销方法都了解之后，每个方法都去试试，三天不行再换一个，想把所有营销策略同时利用起来，结果一个都没得到好效果，哪个都没有坚持下来，最后就认为这个营销手段不行，然后接着寻找下一个营销秘方，继续尝试。也有些企业直接就失望了，不再相信先进的营销模式，认为这些营销模式不可靠，甚至根本没用。

其实，企业计划开展娱乐品牌营销是正确的，但不要什么策略都想去试试，不管是人员还是预算、精力都是受一定条件限制的，如果同时开工，分身乏术，做得多了自然会顾此失彼，抓不住重点。娱乐营销中的重复策略是非常有效的，前提是正确运用，并且坚持执行。

电影《庐山恋》自1980年拍摄播放，到1999年，已连续放映6300多场，至今大概有上万场了。庐山电影院因只播放这一部电影干脆更名叫"庐山恋电影院"了。2003年年初，吉尼斯英国总部正式授予了"世界上在同一影院连续放映时间最长的电影"的吉尼斯世界纪录。创造了"放映场次最多""用坏拷贝最多""单片放映时间最长"等多项世界纪录，并且这些纪录每天还在不断地增长。现在，游庐山，看《庐山恋》，已成为游客们一个固定的旅游项目。

选择一个最适合自己企业营销的方法，一直重复做下去，直到达到预期的效果，并把这个策略研究透彻，发挥到极致。也就是说，无论选择哪一种娱乐营销方式，最重要的是坚持不懈，不要想着短时间就获得理想的效果，选择好一个平台、一个营销策略后，就要一直做下去，做到有效果为止，将这种方式使用到极致。不要想面面俱到，也不要想什么都做得比别人好，每个都试一下，结果哪个手段都不精通。简单的营销策略重复做，发挥到极致就是成功。

第四节 升级策略：让客户在购买产品后，继续投入更多的钱

企业要想在移动互联网大潮中立于不败之地，就要销售更多的产品，赢得更多的利润，想做到这些，唯一的途径就是拉近与消费者的距离，而可行之法是在营销传播中融入娱乐元素，使企业提供的产品或服务具有人性化。

营销娱乐化是企业获得丰厚利润的利器，将娱乐无声无息地融入营销之中，已成为营销创新的新驱动力。无论是大型企业，还是中小微企业，甚至个人创业者也加入了娱乐品牌营销的行列，把产品和服务传递给消费者，从而赢得竞争优势。但娱乐品牌营销只是一种手段，不是目的，广告创意和营销活动都是为产品和品牌服务的。因此，中小微企业把娱乐品牌营销方式视为赢得市场、获得利润的不二法门。娱乐品牌营销的第四大策略——升级策略——说服客户在购买了一件东西以后，继续对这件东西投入更多的钱。对许多企业来说并没有做到，甚至是没有想到的营销方式。

以交通运输行业的铁路客运为例，火车为什么要一次次地提速？如从1997年4月1日开始了平均旅行时速90千米、最高时速达140千米的第一次提速；1998年10月1日，铁路第二次大面积提速，京广、京沪、京哈三大干线的提速区段最高时速达到140~160千米；2000年10月21日，铁路第三次大面积提速，重点是亚欧大陆桥陇海—兰新线、京九线和浙赣线；从2001年11月

21日零时起，全国铁路实施第四次大面积提速；2004年4月18日，实施第五次大面积提速后，京沪、京广、京哈等干线铁路提速区段列车最高时速可以达到160千米；2007年4月18日中国铁路第六次大面积提速调图正式付诸实施，主要干线开始"时速200千米"的高速运行，中国铁路开启"追风时代"。动车和高铁才是真正的"追风时代"，最低时速为200千米，最高可达302千米。

目前的各行各业都在实施转型升级，不仅是那些大型企业，还有中小微企业。从根本上来讲，生产企业面临的问题在于其处于产业链的低端，产品技术含量不高，产品或服务的附加值低，不具有产品的定价能力和议价能力，无法应对和转嫁上游各类投入成本（如原材料、环境、劳动力）的变动和增加，无法获得竞争优势，并保持市场占有率。其经营前景具有不确定性和风险性。于是，纷纷向促使产业结构高级化、促进产业布局集群化、推进要素集聚高端化、推动产业分工国际化、实施科技创新产业化方向转型升级。那么，企业的娱乐品牌营销是不是也该"转型升级"？这个"转型升级"就是在购买了一件东西以后，继续对这件东西投入更多的资金。

好莱坞的电影就是一个经典的例子。成功的商业影片都会不断推出续集，因为制作卖座电影续集是好莱坞片商最赚钱的方式，如《特种部队2》《生化危机5》《虎胆龙威5》《钢铁侠3》《复仇者联盟2》《终结者5》《星球大战7》《功夫熊猫3》《碟中谍5》《速度与激情7》等如期走马上阵，007系列的电影更是拍到了第24部作品。这一部部的续集电影，让观众如蝶追花迷恋其中，制片方在不知不觉中已赚进了大量的钞票。

微软公司无疑是娱乐品牌营销中升级策略的典范代表，不断升级的软件让微软成为创造百万富翁最多的企业。

微软公司自1981年推出MS-DOS后就没有停止过不断升级的行动，1985年11月20日，微软终于推出了Windows1.0，这款软件包括MS-DOS文件管理、画图、Windows编写器、记事本、计算器以及用于帮助管理日常活动的日历、卡文件和时钟，甚至还有一个游戏——翻转棋；1987年12月9日，微软发布了带有桌面图标和扩展内存的Windows2.0；1990年5月22日，微软发布了Windows3.0，1992年发布了Windows3.1，这两个版本在发布后的前两年中总共卖出了1000万份，这使之成为当时使用最广泛的Windows操作系统；1995年8月24日，微软发布了Windows95，销售量在前五个星期内便达到了创纪录的700万份，这是微软宣传得最为成功的一次发布活动；1998年6月25日发布Windows98是专门面向消费者设计的第一个Windows版本。微软公司正是不断通过升级策略赢得了市场的好评，获得了消费者的认可。

在国内，某位电商巨头是第一个把娱乐品牌营销中的升级策略发挥到极致的人。除了马云、周鸿祎之外，他是互联网行业最不善于作秀的巨头，而且这位电商巨头更是将娱乐品牌营销这一看家本领修炼到了登峰造极的境界，并在科技圈独树一帜。

这位电商巨头通过与某女孩恋情的曝光，并借用女孩网络名人的品牌，成功实现企业品牌营销。我们不妨来总结盘点一下：

娱乐品牌营销升级策略第一招：恋情初曝光，力助企业上市。某女孩与这位电商巨头的恋情首次被媒体曝光，当时这家电商正处于上市前的敏感时期。从媒体曝光的数张不同角度的照片来看，这次恋情的曝光并不像保密工作做得不细致而意外曝光，更像是一次故意为之的"摆拍"。

然而，这位电商巨头与网络名人的恋情，还是得到了大量媒体的密集报道，甚至还在科技圈掀起了娱乐热，各类科技媒体也纷纷从娱乐的角度，给予这段恋情充分的关注，这一事件的边际效应一直持续了一个多月，直到这家电商企业成功在美上市。

女孩与电商巨头的恋情，出现的及时而又恰到好处——为这家企业赢得了无数的关注，助推其成功上市。此事告诉我们，娱乐谈资并不是简单的让人消遣的花边事件或段子，更是企业进行品牌营销时最佳的题材。善用娱乐品牌营销，制造热点事件，不但助推品牌升级，更将成全社会的关注焦点。

娱乐品牌营销升级策略第二招：恋情升温，开设智能店。既然第一步已经迈出去了，如果不继续往下走，所有的计划将付之东流，营销升级也就无着落了。第二年的某月某日，这位电商巨头与这位网络名人一起，高调出现在开在中关村创业大街上的"××店"的剪彩仪式上，网友发现女孩和这位电商巨头手上都戴着戒指，疑似两人好事已成。

这在网络上引起不小的轰动，众多网友很是看不起这位电商巨头，认为他一掷千金为博得红颜一笑开了"××店"，不值得。真相却是这位电商巨头充分利用女孩这一网络名人的身份，为自己的智能家居体验馆站台，成功吸引了媒体及民众的关注。

无论从哪方面讲，在这位电商巨头与女孩的恋情见光后，娱乐品牌营销的升级策略便一步步发挥出来。女孩已经成为这家电商企业的品牌形象代言人；而从这位电商巨头开设"××店"这个案例当中，我们可以注意到，企业要充分挖掘品牌代言人的营销价值，将代言人的名称、形象、气质等元素与企业自身的业务相联系，可以加强网友的记忆，促进企业品牌和产品的传播。

娱乐品牌营销升级策略第三招：晒结婚照，引起媒体对财报的关注。某月某日晚，微信朋友圈突然被这位电商巨头与女孩的结婚照刷爆。两人的结婚事件再次成为娱乐圈和科技圈追逐的热点话题，不少媒体头版头条报道了这一事件。

巧合的是，在结婚照爆出前一天，这家电商企业刚刚发布这一年第二季度财报，同时还宣布，公司董事会也在同年批准了一项针对公司董事长兼 CEO 的一项为期 10 年的薪酬计划。根据该方案，这位电商巨头每年只拿 1 元现金底薪和零元奖金。此事件被媒体联系到了一起，一时间，这家电商企业再次登上各大娱乐、科技媒体头条，成为当下的热点。

以往，只有像江南 style、明星出轨等事件，才会引起媒体及民众的高度关注，而电商巨头结婚对象如果不是一位网络名人，可能关注度也不会如此之高。在这位电商巨头的运筹帷幄下，把娱乐品牌营销的升级策略发挥到前无古人、后无来者的程度，那就是商业科技大佬与网络名人的搭档将同时影响娱乐圈和科技圈，这种跨界娱乐品牌营销方式，必将成为企业做品牌营销时的一个重要选择。

娱乐品牌营销

　　各个企业都在实施娱乐品牌营销，但有几个人能够领略到其中的奥妙？这位电商巨头算得上第一个。花边娱乐新闻的传播度最为广泛，也是网友们最乐于传播的，互联网企业将核心人物的恋情成功炒作成为热点娱乐或社会事件，再通过一个载体植入或传播企业的新产品，是低成本的营销手法之一。我们相信，这位电商巨头还会继续打好女孩网络名人这张牌，而之后女孩怀孕，小电商巨头出生，等等，也必将在这位电商巨头的运筹帷幄之中登上各大媒体的头条，继续发挥为企业做品牌营销的价值。

第六章

娱乐品牌营销存在的问题及改善方法

第一节 娱乐品牌营销缺乏新意，仿效成分居多

近几年，各类媒介逐渐向碎片化、移动化、娱乐化方向发展，种种综艺娱乐节目纷呈各类银屏。不管是虚假的还是真实的，过亿票房的电影比比皆是，各类品种的网剧渐成气候，资本市场追逐文化影视娱乐主题，影视文化娱乐领域内的创业与投资成为社会热点。

娱乐业空前地受到人们的追捧，市场对于那些有水准、有创意的精品内容更是青睐有加，对优质 IP 内容的疯狂追逐导致优质 IP 价格、节目模式价格、剧本费用、演职人员劳务报酬以及场景、道具、租赁等费用不断上升，使内容提供商的制作成本不断上升，竞争进一步加剧，在一定程度上增加了娱乐品牌营销的风险。

从娱乐品牌营销的原理分析，它的本质是一种感性营销，感性营销不是以长篇大论的理论去说服客户，而是通过感性共鸣去引发客户的购买行为。

现在的中国消费者，平均每个人关心 4 种以上的娱乐资讯，娱乐内容对于更多的人而言，是当前面临社会压力下的"消遣"型消费，而且消费者在接触娱乐信息的时候，心理较为放松，因此，更容易接受品牌的信息。有调研数据显示：如果到别的地方买东西能得到更多的娱乐的话，超过 70% 的客户愿意到别的地方

第六章　娱乐品牌营销存在的问题及改善方法

去买东西。可以说，娱乐品牌营销已经成为企业与消费者重要的沟通手段。今天的品牌，如果不能与消费者玩起来，为消费者创造欢乐，就很难赢得他们的心。

一个新品牌要想打出一片天地，要么是靠明星，要么是搏出位。但是，当前的娱乐品牌营销，存在很多不尽如人意之处，比如娱乐品牌营销缺乏新意，方式不能有效触及目标人群，生搬硬套内涵不够，恶意炒作……

缺乏创新是娱乐品牌营销的通病。大多数品牌把娱乐品牌营销等同于消费明星，娱乐品牌营销就是做个冠名、植入或者是请明星开场发布会。不可否认，这种方式是能够获取一定规模的注意力和影响力的，尤其是请到当红明星，非常容易引发"粉丝"的狂欢。电视剧《来自星星的你》爆红后，金秀贤在一年内接下了20多个品牌代言。除了请当红明星站台之外，另一种能够引发全民关注的娱乐品牌营销方式，就是粗俗低劣的炒作方式。优衣库试衣间事件就是一例，虽然赚尽眼球，但是对品牌本身是一种伤害。

娱乐品牌营销没有多少创意，还不如房地产开发商们在网上的炒作有创意，他们在微博上发出看似开玩笑的文章，竟然引发了各大地产商参与进来，颠覆了中国楼市传统营销的格局。后来，业内人士和专家们开始反思了，营销招数匮乏，还是互联思维新尝试？有人说，看似弄拙，实属斗巧。

因此，想把娱乐品牌营销搞好，就不能再一味地仿效了，要拿出真正能打动人的创意。真正的创意必须具备以下四个特征。

1．时尚性

时尚是一种经济现象，时尚造成的就是这种速生速朽的"梦幻"式价值，消费市场则应通过时尚的迅速代换来形成一个个消费高潮。这一特征适用于众多的行业，例如，旅游行业的营销人员就认为，旅游业也应该通过这种浪潮式时尚，形成一浪高过一浪的白热化消费。

2．生动性

娱乐品牌营销的生动性是指在进行旅游营销活动时，创意新颖，形象具体，情节活泼，诉求明确，能激起消费者的兴趣，带动消费者的购买欲。生动有趣的营销，可以消除紧张，淡化焦虑，调节消费者的情绪，令消费者如沐春风、如饮甘泉。

3．互动性

要想在娱乐经济时代成功地推动旅游营销活动，互动营销是应考虑的模式之一。例如，杭州宋城的主体将按照盛大网络《传奇世界》游戏内的中州皇城进行改造，并真实再现游戏中的铁匠铺、药店、杂货铺等，甚至不惜动用50多位蒙古骑士表演《传奇世界》中经典的行会"沙城"攻城战；而在宋城集团的另一个阵地杭州乐园，也进行着整体的改造，五一黄金周的杭州乐园无处不体现出浓厚的娱乐品牌营销的文化氛围。

4．人性化

生动化、时尚化和互动化营销，最终都是落脚到人性化上。人性化营销正是娱乐品牌营销的核心和根本所在。比如，旅游企业只有关注人性，关注人们新的生活主张与旅游、休闲方式，才会带来娱乐品牌营销的崭新思维。

未来的娱乐品牌营销，"创新"是一定的，没有创新就不具备竞争力。形式新颖固然重要，但是高雅的格调、深厚的内涵才是娱乐品牌营销真正的出路。

第二节　方式不能有效触及目标人群

娱乐无罪，人们比以往任何时候都更需要娱乐。在种种重压之下，娱乐是一种阀门、一个出口，所有人都有权利在 8 小时工作之外的生活里做个暂时的娱乐人。娱乐也渐渐成为广大民众生活的一种态度，类似于"矮、穷、挫"这种非暴力的戏谑式演绎，正是普通民众对于生活态度在某种意义上的清醒认知。

在这样的大背景下，面对大众广泛的娱乐需求，娱乐品牌营销迅速起步发展，并盛极一时，不少娱乐品牌营销公司纷纷挤入市场以期分一杯羹，但缺乏新意，仿效成分居多，方式不能有效触及目标人群，等等，诸多乱象成为娱乐品牌营销的致命缺陷，让娱乐品牌营销获得更大的说服力和更有效的营销力成了行业难题。

如果说 2016 年里约热内卢奥运会和以往有什么不同，可能很多人会提到本届奥运会"运动"元素淡化了，而"花边"新闻往往占据头版头条。伴随着互联网的发展，越来越多的国人从举办国体制、金牌就是一切的"金牌式"奥运思维中走出来，变得不在乎谁夺冠，而更关心运动本身的乐趣。因此，各大品牌企业借势营销，紧贴娱乐热点拥抱体育名人，也让整个奥运赛场内外充满浓郁的娱乐气息。

大家知道，在这个泛娱乐时代，娱乐品牌营销大行其道。提

第六章　娱乐品牌营销存在的问题及改善方法

起娱乐品牌营销，人们通常会认为它是一种借助娱乐的元素或形式，建立产品与客户的情感联系，从而达到销售产品、建立忠诚客户目的的营销方式。娱乐品牌营销的本质是一种感性营销，通过好感、共鸣引发客户认知，而不是从理性上去说服客户购买。

比如某位具代表性的娱乐人物在网络开播一个平台进行直播，刚开始的 10 分钟，观众人数就突破 400 万人，半个小时突破 1000 万人，整场直播结束时观看直播人数累积达到 10 543 210 人。可见，娱乐品牌营销隐藏着巨大潜力。

那么，在这个智能时代，娱乐品牌营销该怎么玩才能有效触及目标人群呢？的确，娱乐品牌营销有本质的四大核心——创新性、参与性、整合性和个性化，而其中创新性又是排在首位的。无论在娱乐主题上还是在运作的方式方法上，只有保证独创性和新鲜感，才能吸引大众的眼球。现在 AR 技术火热，任天堂凭借 AR 技术将几十年前老动画宠物小精灵打造成火遍全球的游戏 Pokemon Go；一直走在技术前沿的百度，也将 AR、VR 等技术带到了营销中来，打造的案例可谓人工智能时代娱乐品牌营销的典范。

比如在百度与欧莱雅的合作中，只要用户在欧莱雅男士"淳萃"的展示中扫一个图片，手机上就蹦出一个 3D 的 AR 展示，只要轻轻一点手机屏幕，瞬间会看到荣光一闪，领略到这款产品带来的美感。用户可以互动，可以分享，可以传播，让更多人一起来玩。除了技术，百度还推出了智能营销解决方案，将人工智能首次运用到真实场景。百度与肯德基在上海联合推出了"KFC original+"智能概念店，该店使用百度的小度机器人完成语音交互、智能点餐和全息投影展示等。用户在 KFC 点餐时，可以直接跟机器人对话，完成从点餐到支付的全部过程。在全息投影体验区，小度机器人还以 360 度全息成像技术展示肯德基吮指原味鸡的制作过程。基于人工智能和深度学习技术，小度还可以智能推送你喜欢吃的美食，真正做到了读懂你的心。

有专业人士认为，百度的智能营销直面互联网原住民，更是直面互联网广告的原住民。可以说，这种新奇的互动方式——更为娱乐轻松的智能方式，为娱乐品牌营销开辟了新的战场，打开了全新的想象空间。也就是说，"技术+场景"创新推动娱乐生态发展。与以往观看奥运会不同，里约奥运会的媒介更加多样化，人们可以通过多平台了解奥运资讯。媒介即信息，在以用户为中心，而用户却愈来愈分散的移动互联网时代，一切营销都以尽可能多地触达用户为核心，大平台和流量入口就显得尤为关键。

现今的娱乐生态圈，媒介碎片化、移动化的趋势加剧。借势娱乐品牌营销，明星品牌代言和品牌植入营销等表层营销手段大行其道，但当前的娱乐品牌营销缺乏新意，仿效成分居多，方式不能有效触及目标人群，缺乏互动性等问题严重。如何借助娱乐活动，与消费者实现深度互动，将娱乐因素融入产品或服务，已经成为我们必须面对和思考的课题。

作为娱乐品牌营销的重要一环，百度为了让品牌信息更快更好地抵达精准用户，做了两方面的努力：一方面，通过覆盖几亿网民的搜索大平台——手机百度、百度地图、百度贴吧等多个用户量过亿的移动应用矩阵，多平台入口贡献巨大流量，以用户数为基础凝聚各方面的力量；另一方面，百度利用基于搜索的联合品牌专区打造黄金流量入口，百度贴吧提供娱乐互动阵地，百度糯米实现 O2O 高效转化，从流量聚合到场景连接，建立起完整有效的娱乐品牌营销生态系统，让消费者从信息感知到深度了解，从参与分享再到行动购买，实现营销闭环。

百度大客户部一位总经理曾在一次分享会上表示，百度的明星检索量为 44.37 亿次，电视剧检索量为 18.71 亿次，综艺节目检索量为 16.26 亿次，电影检索量为 6.77 亿次。可以说在泛娱乐时代，百度通过新技术、大数据、流量等优势，让娱乐品牌营销更精准、更好玩，互动性更强，成为品牌"娱乐营销"的不二选择。

娱乐经济时代，站在自己的角度自说自话的企业注定会被抛弃，只有学会适应娱乐的语境，用最新的技术参与到娱乐品牌营销中来，才能为品牌带来更年轻、更有活力的新一代消费者。百度基于人工智能、大数据等技术优势，构建出自己的娱乐生态，结合 AR、VR 等新技术的应用，可以加深品牌和用户的互动，让整个营销活动和营销体验更加顺畅、好玩，在技术的支持下，所有想象得到的互动都能一一实现。

第三节 缺乏连续性

这是一个充满娱乐的时代，这是一个恶搞的时代。一句话，这是一个娱乐至上的时代。

将娱乐元素融入产品或服务，以促进企业取得市场收益的营销策略，是娱乐品牌营销最显著的特征。娱乐经济已经成为新的世界通货，娱乐品牌营销已经成为企业与消费者重要的沟通手段。但是，当前娱乐化营销暴露出诸多问题，没有新意，缺乏连续性，文化内涵不够，等等，此类案例比比皆是。

大凡一个正规的企业，都想干一番事业，以"优质的产品，给客户带来全新的体验"。然而有些能力、水平都很高的企业老板或高层管理者，虽劳心费神却未能如愿。其原因之一，是他们忽视了娱乐品牌营销的连续性，尤其是一些新上任的管理者，常常在这个问题上失误。

娱乐品牌营销缺乏连续性有很多表现，如有些老板或管理者不看市场，不看现实与发展的内在联系，为了"创新营销"而否定过去的成绩；有的老板或管理者不看事物之间的相互联系，规划娱乐品牌营销时轻重不辨、缓急不分，造成重点部位不突出而难以取得预期效果；还有的老板或管理者随意性大，听风就是雨，一时兴起就拍板决策，昨天刚有一个想法，今天又搞一个想法，明天还要搞一个想法，看起来是创新不断，却因缺少连续性而毫无结果，最终是劳民伤财；有的老板或管理者刚到一个部门任职，不看时间、地点、条件等差异，照搬照抄那些成功的娱乐品牌营销经验或专请"外地和尚"来念经，以至于丧失了原有的天时、地利、人和等优势，造成了本不应有的遗憾。所有这些，其根源都在于头脑里缺乏辩证思维，是领导方法、思想方法上的片面性造成的。

娱乐品牌营销强调连续性是企业盈利的保证。任何一家企业的发展都有自身的历史轨迹，在一代又一代人的共同努力下，才形成了具有本企业特色的工作作风，积累了属于自己的经验与教训，从而为娱乐品牌营销提供了坚实的基础。同时，一家企业的硬件建设与软件建设，尤其是人才培养与队伍建设，都有一个相应的远景规划与具体实施的渐进过程，不能由于管理者的更换人为地割裂开来，否则将因为"断层"而造成难以估量的损失。可以说，强调娱乐品牌营销的连续性，既是营销的利器，更是充分利用现有条件而进一步发展的基础。只有全面考察企业的发展历史，借鉴以往的经验教训，在原有基础上扬长避短、续写辉煌，才能不断推动娱乐品牌营销上新台阶。

娱乐品牌营销注意连续性是企业发展的需要。任何一家企业、一项事业要想不断发展，必须最大程度地挖掘一切可以利用的资源，切实做到人尽其才、物尽其用，否则就会中断发展进程甚至前功尽弃。可以说，每一项工作、每一项成就，都是以往基础与最新努力共同作用的结果，策划营销如此，营销创意如此，娱乐品牌营销策划也如此。特别是新管理者上任之初，更要注意营销工作的连续性，把主要精力放在深入调查研究上，摸清人才队伍现状，主要工作现状，企业的优势和存在的问题，客户所关注的问题，等等，把那些决定娱乐品牌营销成败的基础性因素全都发掘出来；同时，要立足现有条件，着眼未来需要，科学谋划发展方略。

娱乐品牌营销保持连续性是企业成功的基础。人们常用"滚雪球""滚动发展"来形容营销工作，这讲的就是连续性。看看那些善于站在巨人肩上求进取，或能够充分利用现有条件和基础谋发展，或精于牵一发动全身的管理者，无不是因为抓住了连续性这个发展的"主线"，推动娱乐品牌营销出现"滚动发展"的良性循环而取得成功的；而那些"脚踩西瓜皮滑到哪里算哪里"，不善于"围绕营销干工作，突出重点抓落实"的管理者，那些习惯于"头痛医头，脚痛医脚"或喜欢"东一榔头，西一棒子"的管理者，虽然营销工作中也偶尔"捷报传来"，但最终难逃失败的命运。

因此，管理者应当在全面了解娱乐品牌营销诸要素，以及相关事物发展全过程的基础上，按照事物发展的客观规律，确定各阶段的发展目标与工作要点，承前启后开展工作。各企业管理者都能这样做，就一定能够有效地避免"娱乐品牌营销很热闹""娱乐品牌营销成鸡骨头"的短期行为，避免"面子工程朝朝有，历史问题代代留"的恶性循环，使一家企业、一个部门、一个项目的营销工作，形成叠加累计、滚动发展、不断提升的喜人局面。

第四节 生搬硬套，文化内涵不够

在人们的生活水平不断提升的同时，某些企业的娱乐品牌营销只剩下一具空壳，其文化内涵也被抽空，沦为恶搞、跟风、抄袭的代名词，娱乐品牌营销失去了意义。"仅有想法是不够的……"这是一家礼品网站上的广告语，也代表了大多数客户的心声：能在营销以外送上一份独具匠心的娱乐当然是最好的，但是这却难坏了许多企业及娱乐品牌营销策划者。他们只能生搬硬套，人云亦云，没有什么更有特色的地方可以吸引众多客户的眼光。

很多企业在复制别人的成功经验无法奏效时，开始把注意力放在了娱乐方面。企业在意识到生搬硬套的弊端后，开始着手进行营销的文化创意。但由于对娱乐品牌营销定义的理解不够深刻，很多企业在策划娱乐品牌营销时存在着以下几个误区：

第一，把娱乐品牌营销等同于营销的娱乐活动。这是很多中小企业常犯的毛病。对娱乐品牌营销的内涵做了狭义的理解，把娱乐品牌营销误认为是营销的娱乐活动，所以一时间搞了很多种娱乐活动，如文艺演出，就认为是在搞娱乐品牌营销，这是很幼稚的想法。

第二，娱乐品牌营销片面化，认为娱乐品牌营销就是搞娱乐。这是当今很多企业在实施娱乐品牌营销时失败的原因。它把从理念、精神到企业行为与客户行为的文化系统展示过程，变成了简单、花哨、片面的口号、标志与装饰。娱乐品牌营销仅是营销的外显部分,如冰山露出海面的一角而已。

第三,缺乏文化内涵。目前,一些企业在打造文化内涵时,仍然奉行"自以为是"的思想;而内涵是以"营销"为中心,以"娱乐"为引子,让客户在不知不觉中了解企业的产品,从而产生购买的欲望。因此,让娱乐品牌营销的文化内涵丰富起来,是各级管理者应该重视并应践行的。否则,娱乐品牌营销仅是雾里看花,水中揽月。

第四,盲目模仿优秀企业的成功经验,缺乏自身个性。在进行娱乐品牌营销时提倡借鉴优秀企业的经验,提倡学习那些有内涵、有创意的营销案例,但不是生搬硬套。这种"拿来主义"只会像"东施效颦"一样,搞出很多笑话。娱乐品牌营销讲究的是个性,适合自己的才是最好的。

第五,认为娱乐品牌营销就是要娱乐。在许多变革型企业或者新建企业,变革者或者创业者的思想,甚至一言一行都深刻地影响着娱乐品牌营销。在一定意义上,这是好事情,企业需要精神领袖,也需要这种英雄式的甚至带有神话色彩的人物。但是将娱乐品牌营销简单等同于娱乐文化,其弊端也是显而易见的。

某商场王小姐正在为选购情人节礼物而发愁,她说:"早就开始计划情人节了,餐厅也订了,当天的节目也想好了,就是一直没想到买什么礼物好。问了身边的朋友,大家也都没有什么好的建议。能送的,像钱包、皮带、领带,前几年早就送过了。"在IT公司上班的高先生最近也没少到礼品网站上转悠,用他的话说,"礼品贵贱都在其次,关键是要别出心裁"。高先生表示:"送花是肯定的，但是年年送花也太没创意了，而其他可选的礼物，平时赶上生日、纪念日也都可以送，不能体现过情人节的特殊意义。"

为选购情人节礼品发愁的年轻人不在少数，有的消费者甚至表示，如果情人节礼物能像中国的十二生肖那样，每年都有一个新的变化就好了。大部分消费者认为，目前市面上能够买到的情人节礼物品种单一，不能满足日益更新的消费需求。仅仅在玫瑰包装上下点功夫，或是在巧克力的造型上出点花招，这些所谓的创意和噱头难以风光再现。

这边年轻情侣在为选购礼品犯难，那边商家有关情人节的促销和宣传开展得热闹非凡。不仅每个商场都张贴着巨幅情人节促销活动的海报，很多和情人节根本不相干的商品也试图搭上"节日礼品"的快车。

走进某百货商场，一种情人节特有的甜蜜气息扑面而来，每个品牌柜台都摆上了心形玩偶、粉色桃心卡片等全新装饰物。某品牌促销小姐说："这是商场提供给每个专柜的，主要为了烘托节日气氛。"可是在商场仔细转一圈便会发现，所谓的"情人节促销"还是以一贯的返券、打折为主，并没有什么富于情人节特色的产品。由于缺乏富有寓意的情人节产品，服装鞋帽等各类商品都争相把自己标榜为"情人节礼品"。一层的鞋帽区，卖鞋的柜台张贴着"爱他（她）就送他（她）舒适"的促销标语；保暖内衣区，"情人节送温暖"成了所有柜台的公用宣传语；而丝巾柜台、箱包柜台，也都以"情人节礼品"来推销货架上那些一成不变的商品。这样的促销方式显然不能让消费者满意，留学生胡小姐表示："同

143

样的东西，母亲节就标上母亲节礼品，情人节又标上情人节礼品，毫无新意和内涵。"

有专业人士认为，我国娱乐品牌营销存在内容空白，缺乏相关的文化内涵。他认为，目前大家能够见到的娱乐品牌营销很多都是生搬硬套，只是浮于表面上的热闹，真正看下来发现没有什么有意义的。不像春节的春联、窗花，圣诞节的圣诞老人、袜子传说，都是承袭文化、富有内涵的。

其实，娱乐品牌营销也是有源可循的，目前的娱乐品牌营销就有许多种方法，但万变不离其宗，有文化、有内涵的娱乐品牌营销总是会引起客户的兴趣。应该说娱乐品牌营销市场还很大，需要商家和策划者共同来挖掘和探索，如果只满足在原有基础上的拼拼凑凑，得到的必将是短期效益。

第五节　恶意炒作，破坏公平公正

不可否认，娱乐品牌营销正在为企业创造多元化的价值：它可以在短时间内提升企业知名度，打造美誉度；可以快速推广新产品，宣传新概念；能提升你的企业竞争力，加强对客户的吸引力；能让客户更加满意、更加忠诚；可以提升员工满意度，让你的员工更加热爱工作；可以为企业创造利润，战胜竞争对手。

的确，网络是民意载体，民意在网络上表达，人们的声音不断受到关注和重视。毕竟全国已经有7亿多网民，而且还在不断增加，互联网的影响力会产生难以估测的商业利益，这也是娱乐品牌营销大行其道的主要原因，有利益就会出现相关产业。网络特性也决定了这些产业及衍生企业的特点，它们必须以图片、文字、视频、音频等方式进行生产制作，以平台或账号的形式存在，人们赋予其新的称谓，或称之为网络媒体，或称之为新媒体，以个人为主的称为自媒体，而后自媒体抱团形成一个个联盟（利益共同体），但不管如何称谓或定位，信息传播都应当遵循真实性原则，承担起社会责任。

但是娱乐品牌营销的底线并不乐观，从一开始有些企业的娱乐品牌营销策划就跑偏了，为了阅读量和关注度，从遮遮掩掩到肆无忌惮，恶意炒作似乎成了行业的生存法则。当微博、微信等平台普及后，娱乐品牌营销也陷入这种怪圈之中，在利益的驱使之下深陷其中。

《现代汉语词典》中对于"炒作"一词是这样定义的:"为扩大人或者事物的影响而通过媒体反复做夸大的宣传"。从这个定义我们可以看出,"炒作"应该算是一个贬义词。

有人这样理解:"炒作,是宣传的第二种解释,例如对某个人、某件事、某产品在一段时间内集中的、连续的有一定规模的宣传就是炒作。"在这里,肯定了"炒作"中"宣传"的积极作用,却忽略了"夸大宣传"的反作用,更有甚者,个别媒体出于尽快在激烈的竞争中占领市场的考虑,常常把这种手段用于社会新闻、负面报道或者突发报道上,形成了"恶意炒作"。

有学者对恶意炒作做了以下几个方面的界定:第一,无中生有地制造人际关系紧张和冲突,以实现某种目的或利益。第二,艺人对这种炒作无力对抗。如果听之任之,名誉受损,但如果采取行动,又会正中炒作者的圈套。第三,恶意炒作无疑是一种杀鸡取卵式的自杀行为,其结果是民众对企业产品的失望,最终受到伤害的是整个营销市场。

在中国,互联网技术正在以前所未有的强劲态势迅猛发展着。据中国互联网络信息中心的调查,截至 2017 年 5 月底,我国已有 7.2 亿网民,普及率持续上升,达到 31.8%。网络媒介在人们的生活中扮演着越来越重要的角色。

网络环境中,传播格局呈现出一对一、一对多、多对多的互动模式,即每一位网民都是传播者,都有着强烈的表达欲望,具有前所未有的传播能力。在这种环境背景下,各种繁杂的信息充斥着网络的每一个角落,社会舆论传播自由、迅速,难以控制,

第六章　娱乐品牌营销存在的问题及改善方法

并且呈现出个性化、多元化、草根化、情绪化的新格局。娱乐品牌营销中的恶意炒作就是在这样的环境背景下出现的。

在这个"无炒作不娱乐，非炒作不营销"的年代，规范的推广成了稀罕事。许多口碑之作因缺乏花边新闻无法引起社会的足够关注，而未能获得预期的市场反馈。相反，一些质量及使用价值并不好的产品却因营销团队大肆营造话题、制造噱头，让不断发酵的谈资持续吸引受众的注意力，从而取得市场成功。

从以往大量恶意炒作的营销案例中我们可以看到，这场恶意炒作营销的狂欢盛宴似乎并没有终止的迹象，反而变得一发不可收拾。大量民众群起围观，乐此不疲。产品营销的制作者也在推波助澜，积极地使用恶意炒作这个营销的噱头进行产品的推广。这种近乎疯狂的火爆，不禁让人思考：这种现象背后究竟隐藏着民众怎样的心理？媒体又有哪些责任？相关利益者又出于怎样的目的？

美国传播学学者波兹曼在其著作《娱乐至死》里说到："电子技术的合力迎来了一个崭新的世界——躲猫猫的世界。在这个世界里，一会儿这个，一会儿那个，突然进入你的视野，然后又很快消失。这是一个没有连续性、没有意义的世界。一个不需要我们也不允许我们做任何事的世界，一个像孩子们玩的躲猫猫的游戏那样完全独立闭塞的世界，但和躲猫猫一样，也是其乐无穷的。"波兹曼的这段话道出了互联网时代民众的心理状态。我们不需要思考所谓有连续性有意义的东西，我们追求的只是一种对于信息及时把握的快感。

现在，人们的世界观、人生观、价值观随着科技的进步，渐渐发生了改变，社会价值观呈现出多元化、世俗化与功利化。在这种社会环境氛围中，人们变得越来越浮躁，容易失去理性，没有耐心，心灵缺少宁静。这些不健康的心理状态是滋生寂寞、空虚的土壤。为了摆脱寂寞心理的扰乱，人们在网上寻找种种"看点"和"笑点"。在企业进行娱乐品牌营销的过程中，为了增加这种所谓的"看点"和"笑点"，便形成了恶意炒作的现象，从表面上来说是年轻人对无厘头的追捧，实质上是精神空虚、价值观歪曲的表现。

在市场利益的驱使下，各种媒体之间的竞争愈来愈激烈。为了赢得受众的支持和各大广告商的信赖，一些企业的娱乐品牌营销披着通俗化的外衣，使炒作营销走向了低俗。他们过分在意如何取悦和迎合受众的低级趣味，满足人性好奇、求异等"原始兴趣"，却将媒体应该承担的社会责任抛之脑后。对于一些娱乐品牌营销中存在的低俗化倾向，产品营销制作者不仅没有做好"把关人"的工作，反而将低俗化现象进行放大。

不少企业和媒体为赢得市场，一味模仿他人成功娱乐品牌营销活动的做法。然而这样的娱乐品牌营销之路并不长久，选秀节目已由原本的趣味新鲜、互动性强变质为低俗恶炒、丑闻不断。这样的营销方式缺乏新意，仿效成分多。虽然能够给企业带来些许品牌效应，但是由于观众的审美疲劳，收视率的降低，企业投资回报率越来越低。

真正的娱乐应该有着深厚的文化内涵，而绝不是单纯为了娱乐而娱乐。生搬硬套、洋味儿浓重的娱乐活动只会让人感觉到庸俗、肤浅。

商业利益的驱使导致太多的赞助商和活动策划者忽略了娱乐节目的本质所在，娱乐品牌营销也在选秀大潮中逐渐迷失方向。选秀活动中，相当多的选手着洋装、唱洋歌、跳洋舞，可以说是洋气十足。生搬硬套的结果，使大部分观众听不懂或不能接受，娱乐品牌营销活动的传播效果大打折扣。

以"选秀"为代表的娱乐品牌营销，诞生了超人气的平民偶像，也衍生出无数疯狂的铁杆"粉丝"。然而，当我们静下心来反思当下娱乐大环境的时候，却发现有的媒体为吸引公众的眼球不择手段，甚至恶意炒作。商家恶意炒作新闻，欺骗和愚弄公众，破坏了媒体的公信度；选手们结帮拉票，破坏公平、公正。

对于娱乐品牌营销，某些企业只注重短期行为，缺乏整体企业战略。营销方式没有具体目标，随意性很大，很容易被观众忘记，所以打水漂的例子有很多，如花几十万元赞助一次晚会，花几万元做一次路演，等等，活动本身和企业以及产品的宣传并没有多大关系；而且不少企业的娱乐品牌营销只是"一次性"活动，没有延续性，之后被人遗忘，效果往往不理想。

第六节　洞察娱乐需求

随着移动互联网的发展，观看娱乐节目更便利，娱乐需求被成倍放大，中国娱乐行业也随之进入黄金爆发期；同时，资本的不断介入，促进了行业的整合，也为娱乐行业带来了新的发展动力。大数据平台发布了《中国娱乐行业微信公众号数据洞察报告》，从微信大数据层面为用户深入解读当前中国娱乐行业的趋势与动态。

该报告从中国娱乐行业发展概况和现状、微信公众号特征分析等方面，全面梳理了中国娱乐行业发展趋势、中国娱乐行业微信公众号基本属性、微信公众号发文特征分析，把中国娱乐行业类微信大数据尽收眼底；同时，对网剧《太子妃升职记》的热点传播进行了大量分析，让用户深入了解中国娱乐行业微信公众号的发展状况。

随着意识的提高，人们对文化娱乐的需求更高，更多元化。从内容、渠道到产业链各环节都发生了质的变化，同时也衍生了一系列新的娱乐形式，比如二次元、动漫、网游等。逐利的资本，近两年疯狂地投资文化娱乐项目，也为行业注入了新的活力。

的确，娱乐产业近两年蓬勃发展，人们的娱乐消费热度不断高涨，各新生代明星、爆款综艺节目已经成为全民饭后闲聊的热点话题，明星代言、节目广告植入及赞助等形式也越来越受到广告主的青睐。针对这一广泛的营销需求，360 推广正式上线娱乐品牌直达营销资源专区，利用娱乐资源的优质形象及影响力为品牌曝光赋能，快速实现品牌声量最大化，为众多商家提高品牌知名度打造了一个安全高效的平台。

360 数据显示，明星代言人或综艺节目关键词搜索热度不断走高，为了进一步借助娱乐产业进行品牌营销，提高品牌知名度，360 推广在 360 搜索网页、百科、图片三个频道上创新了营销新资源——娱乐品牌直达，帮助广告主借势宣传品牌。

根据广告主对产品需求的不同，360 推广将娱乐品牌直达分为两类：一类是明星中心产品，针对拥有明星代言的品牌；另一类是综艺中心产品，针对赞助综艺节目的品牌。当用户在 360 搜索输入相关明星、综艺节目的名称时，即可在搜索结果的首位直接看到该品牌的营销专区，包括相关的新闻、图片或视频等多媒体资讯，在搜索结果首条黄金位置通栏展示品牌信息，形成了整版霸屏的效果，给用户带来强有力的视觉冲击，并通过此专区的链接直达品牌的官网。

娱乐品牌直达产品拥有以下天然优势：通栏展现在搜索结果页首屏黄金位置，第一时间抓住目标客户眼球；针对明星和综艺"粉丝"受众群精准投放，将营销信息推广给真正有需求的客户；充分挖掘现有的品牌明星或综艺资源，通过关键词触发，增加品牌广告曝光率。除此之外，根据不同的推广需求，整合多种营销形式，全方位立体传达品牌信息，缩短传播路径，提升传播效率，使实效营销"事半功倍"。目前，多家一线品牌商家已经入驻娱品牌直达专区，与 360 推广共同开发其明星、综艺资源，形成了良好的娱乐品牌营销矩阵。

在暑假期间，"驴妈妈"旅游网利用娱乐品牌直达资源，进行了以"花样暑假，百样玩法"为主题的旅游"大放价"营销活动。期间，只要用户在 360 搜索上搜索明星名字关键词，无论是想要了解明星的最新资讯，还是他们的官方信息，甚至是他们的帅气美图，都会出现驴妈妈旅游网的相关信息。通过在网页、百科、图片三大高流量频道的联合布局，大大增加了驴妈妈旅游网的曝光度和关注度，取得了非同凡响的营销效果。360 推广娱乐品牌直达将持续发力明星资源挖掘、综艺节目推广，借助明星和综艺节目的影响力，树立更加深入人心的品牌形象，推升高居不下的品牌热度。

360 推广是基于用户行为链大数据以及对用户的洞察，利用互联网行业的先进技术，总结营销领域的实践经验，精确定位用户群体而开发的创新资源产品。360 推广娱乐品牌直达正式上线后，致力于为企业提高品牌的声量，推升营销效果。让企业的代言人上头条，让企业的品牌来霸屏。

360 推广是国内领先的互联网广告营销平台，依托 360 公司优势跨屏产品资源和亿万用户群，通过技术产品创新、资源数据整合及深入的行业洞察，为广大用户提供安全便捷的信息服务，为企业全面提升营销效果，为合作伙伴持续优化变现能力。360 推广真正洞察到了大众的娱乐需求，践行"四位一体"的营销思路，拥抱移动营销趋势，实现了品牌的强势曝光与流量的高效转化。

第六章　娱乐品牌营销存在的问题及改善方法

真正的娱乐品牌营销是一门洞察与满足消费需求的学问，而如何把握客户需求的动向则关系到营销的成败。企业必须学会聆听与洞察客户的心声，了解客户心中的消费蓝图。比如，在追捕与缉拿在逃犯人时，从古至今都在采用一种方法：悬赏通缉。无论是提供有价值的信息者，还是直接捕获逃犯者，都可以获得一定的奖励。这个办法很奏效！企业也要调动大家的力量，一起来"追缉"客户的潜在需求。

第七节　打造娱乐新平台

在全球经济增长中，新兴经济体和其他发展中国家贡献了近60%的经济增长，与此同时，新兴经济体也普遍面临着扩大内需、刺激经济内升力的挑战，需要与世界经济同步进行包容性发展。作为全球经济引擎的中国，当下也正经历从"中国制造"向"中国创造"的转变，转方向、调结构，推动新兴产业又好又快地发展，已经成为新的时代主题。

传媒业在进行文化体制改革，把文化产业发展推向快车道，同时又在广告信用建设、品牌营销自律、消费者深度沟通、营销传播方式创新等方面与市场进行对接，在这样的情况下，新老媒体融合，媒体与广告主、消费者携手多赢的格局正在发生变化。

打造娱乐新平台的主题定位，体现了消费主导市场、品牌推动需求新的经济增长发展方式及理念。新趋势、新挑战、新机遇面前，包括传媒业在内的企业，只有因势利导、快速前进才能在未来的竞争格局中把握主动、赢得先机。

从现在开始，任何强势的品牌都会站到市场的舞台上，随时接受消费者的选择与考验。没有最好只有更好，只有消费者的选择更多更好，广告主的市场才会更多更大，而传媒的价值空间才会更广阔。比如，南方某卫视长期以来凭借领先的内容创新能力、营销推广能力与高水准的服务水平，和广告界朋友们形成了良性互动、共荣双赢的合作格局。这家卫视提出"广告是频道的重要资源"理念，而且在不断地探索一条媒体品牌与企业品牌融合，互相支撑、共同成长的创新营销之路。当年蒙牛冠名《超级女生》投入了 1400 万元，换来了蒙牛品牌影响力的大幅度提升。这是整合营销、互动传播、话题营销与媒体强势品牌不断创新所产生的新传播价值。

再比如，聚划算携手互联网时尚集团衣品天成，联合打造的主题为"我有风格，给你好看"的 24 小时试衣间直播，即衣品天成集团全明星战略秋装新品发布会，在世界时尚地标的广州"小蛮腰"盛大举行。

活动邀请数十位网络主播全程参与直播，在淘宝直播、一直播等平台上累计观看直播达 3500 万人次，多个平台进行热门推荐，成为中国直播史上开播时间最长、网友互动最强的直播，与此同时衣品天成集团在聚划算专场的销售，也收获了丰硕的成果，聚划算携手衣品天成集团翻开了电商娱乐品牌营销新篇章。

此次 24 小时试衣间直播，衣品天成集团运用聚划算开通的口令红包新技术，在直播中与观看直播的网友进行互动，网友在直播过程中打开手机淘宝客户端，在聚划算页面喊出衣品天成集团旗下品牌首席时尚官的名字加"给你好看"这句话，就能获得衣品天成集团对应品牌聚划算专场红包，大大提升了网友参与活动的热情。

借助聚划算口令红包技术，参与衣品天成 24 小时试衣间直播的网友，有了更强的动能和更便捷的方式，跳转聚划算对网络主播所展示服装进行购买。在活动期间，聚划算口令红包整体使用人数

娱乐品牌营销

达到数十万人，首发五大明星同款秋装在 24 小时内销售成绩喜人。

聚划算总裁认为："未来，直播将成为娱乐品牌营销的重头戏，而直播的内容以及直播的转化会是重点关注的两个问题，直播的内容需要企业有非常强的策划能力以及和网友有更多的互动，直播的转化则需要依靠技术手段来解决，聚划算现在所推出的口令红包、摇一摇等功能在兼顾互动的情况下能很好地提升转化，助力销售，衣品天成集团 24 小时试衣间直播就是非常好的例子。"

电商已经成为服装品牌必争之地，几乎所有的服装品牌都在电商进行销售，而竞争的白热化也促使各个品牌寻找一个最为合适的平台，为自己的新品发布积累势能，聚划算欢聚日的大流量、强导向自然成为服装品牌的首选，尤其是聚划算近年来整体升级之后，时尚气息越来越强，除了为服装品牌提供销售以外，还能非常好地传递品牌的时尚理念。毫无疑问，对于时尚属性很强的服装，聚划算成为进行品牌新品首发的不二之选。

时尚新品的首发，也秉承了聚划算欢聚日对用户"给你惊喜"的一贯主张，所以聚划算和衣品天成集团联合，为用户带来了目前国内人气高涨的五大明星，五大明星亲自挑选的明星同款秋装新品，为用户带来了一场由明星演绎的大众时尚服装盛宴。

创新营销方式，是品牌升级的重要途径之一，聚划算和衣品天成集团携手打造的 24 小时试衣间直播，通过直播内容输出与聚划算技术的结合，充分调动网友购买动能，在强化品牌理念的同时，很好地与销售结合，堪称直播娱乐品牌营销的里程碑，或将为时尚品牌探索出一条新的升级之路。

第八节 避免营销误区

娱乐品牌营销是伴随着信息技术的发展而发展的,目前我国有上千万家企业已加入互联网并涉及网络营销。与此同时,我们也面临这样的问题:娱乐品牌营销存在哪些误区呢?

误区一:娱乐品牌营销就是万能的

在企业信息化和网络营销浪潮的冲击下,我国中小型企业的娱乐品牌营销意识逐步觉醒,纷纷进入娱乐品牌营销阵营,并利用网站发布公司信息、产品信息、求购信息等,以此期待订单上门、销量攀升、盈利不断。理想与现实之间往往存在着一定的距离,企业实施了娱乐品牌营销,建立了一支操作娱乐品牌营销的队伍,其订单就真的纷纷找上门了吗?企业的销售业绩就真的实现跨越式发展了吗?经过大量的市场调查我们发现,很多企业虽然实施了娱乐品牌营销,但销量并没有什么起色。

虽然娱乐品牌营销是一种"高性价比"的营销手段,但它也并非就是万能的。企业开展娱乐品牌营销不见得就一定能够取得好的效果。对于企业来说,适合才是关键的,只有适合企业的娱乐品牌营销,才能够给企业带来好处,才能够达到企业所预期的营销效果。

有些企业在开展娱乐品牌营销时,只是盲目地跟风,它们一会儿赞助这个体育活动,一会儿赞助那个娱乐节目,一会儿又搞个公益栏目。只要是社会关注的某个热点或焦点，它们就挖空心思去搞赞助，这是没有必要的。企业在开展娱乐品牌营销时，一定要进行权衡，找到最适合企业的营销方式，具体可以从这三个方面去考量：

首先，企业要充分考量赞助的事件，其目标消费人群与企业的目标消费人群是否相匹配。如果这两者之间不匹配，企业就不要去赞助，就不要去花冤枉的钱，就不要去耗费不必要的人力、物力和财力。其次，企业要充分考量赞助的事件，其品牌形象与企业的品牌形象是否相匹配。任何一个事件都有其特定的品牌形象，那么这个品牌形象是不是适合企业，这就显得尤为重要了。只有与企业的品牌形象相匹配，企业才可以考虑去赞助这个事。最后，企业要充分考量赞助的事，其品牌影响力够不够大，投入产出能不能成正比，能不能达到企业所预期的营销效果。

误区二：纯粹为了提升知名度

虽然娱乐品牌营销活动比其他的营销活动更能够让消费者参与其中，并对品牌留下深刻的印象，让品牌迅速扬名。但是，企业开展娱乐品牌营销也不能纯粹只是为了提升品牌知名度，更应当通过娱乐品牌营销来设定多个子目标，包括树立企业形象，提升品牌形象，拉动产品销量，增强企业内部的凝聚力，等等。

首先，树立企业形象。可口可乐曾在盐湖城冬奥会上隆重推出了100%可生物降解的冷饮杯，并确保将所有的塑料软饮料瓶回收，树立了良好的企业形象。

其次，提升品牌形象。通过娱乐的影响力和形象，再加上赞助所带来的排他性权益等，达到与竞争对手品牌形成差异化、提升品牌形象的目的。

再次，拉动产品销量。"红河"是赛车运动的专注者，从1998年开始，"红河"就实施了以"赛车运动"为平台的体育营销战略，组建"红河车队"，参加国内汽车拉力锦标赛，购进先进赛车，引进知名车手，把"红河"品牌的影响力发挥到了较高层次。

与此同时，"红河"更是结合赛车运动先后推出了"红河 V6"和"红河 V8"产品系列，从而将"红河"的赛车文化资产顺利地转移到了"红河 V6"和"红河 V8"产品系列身上；而"红河"赛车运动的极速奔驰，也在某种程度上拉动了"红河 V6"和"红河 V8"产品系列的销量，并直接强化了"红河 V6"和"红河 V8"产品系列在国内高端卷烟市场的竞争力。

最后，增强企业内部的凝聚力。以赞助的项目为契机，激励企业员工，提高企业员工的忠诚度、责任感以及满意度，从而增强企业内部的凝聚力。

可以说，现在已不是大鱼吃小鱼的时代，而是快鱼吃慢鱼的时代。速度在某种程度上成为企业抢占市场的重要因素。那么，对于已加入娱乐品牌营销行列的企业来说，如何做好娱乐品牌营销，推广网络整合营销系统应是企业所必需的，这是解决上述问题的良方，是一套专门帮助中小企业利用互联网来拓展市场的网络营销工具，其商业价值具体体现在以下方面：

娱乐品牌营销

针对生产、制造类型的企业，推广营销系统可以帮助企业解决生产过程中的诸多问题，改善企业经营状况。产品库存积压，往往是制约生产、制造型企业发展的重要因素。以往由于信息传递不及时，许多企业难以掌握同行业产品的研发和生产情况，难以掌握市场的需求情况，因此形成大量库存商品，阻断了企业资金的良好运转，令企业陷入困境。如今，企业借助互联网高速传递信息的优势，以及强大的商情及产品报告功能，可迅速收集同行业同类产品的生产状况、市场需求状况信息，帮助企业生产决策。与此同时，推广娱乐品牌营销系统还可将产品信息迅速发布到上千家国内外著名的商贸网站上，为销售库存商品打开一条通路，从而盘活企业资金，促进企业高效运营。

误区三：对赞助权益视而不见

企业在开展娱乐品牌营销时，通常会获得主办方提供的一些特殊赞助权益。对这些特殊赞助权益，企业一定不要视而不见，而应当充分利用这些资源，将娱乐品牌营销的效果发挥到最大化。比如，将娱乐融入促销活动中，激发消费者购买产品的欲望。又如，将娱乐活动形象融入广告推广中，激发消费者对企业的认同感。

在盐湖城冬奥会，世界著名品牌VISA就充分利用自己获得的赛事门票权益，推出了"你拥有全部的能力"抽奖活动，消费者只要持VISA信用卡刷卡就可以参加门票抽奖活动，将权益和促销巧妙结合起来，促使消费者多刷卡。

针对贸易类型的企业，推广网络营销系统可以为国内外贸易商创造直接的商业合作机会。贸易类型的企业往往都需要一个良好的平台，直接、快速促成交易，以缩短交易周期，降低期间的各种成本。面对国内外大大小小各具特色的商贸网站，如何尽可能多地为己所用，而又操作简便、成本低廉，一直是贸易型企业不断思考的问题。帮助贸易型企业在最短的时间内捕获大量的有效信息，既能节约时间成本，又有较好的效果，是推广网络营销系统的根本目的。

针对服务类型的企业推广网络营销系统，可以帮助企业提升服务水平，塑造品牌形象，增强同行业的竞争力。当今是一个市场经济异常活跃和高速发展的时代，同类产品在功能、质量、外形上已相差不大。在这种趋同时代，企业要想立于不败之地，就必须打好服务牌，塑造良好的品牌形象。企业品牌形象如何塑造？推广系统可以帮助客户在腾讯、新浪、搜狐、网易等大型的门户级别的网站上，以记者发稿的形式对企业进行持续报道，为企业塑造良好形象，彰显品牌实力，提高企业的知名度，迅速扩大企业在消费者、同行和市场中的影响力。

在当今日益激烈的市场竞争环境中，在产品日趋同质化的形势下，铺天盖地的广告和促销手段固然发挥了重要作用，但也因此产生了许多过剩的宣传垃圾，消费者开始变得麻木甚至觉得反感。在这种情况之下，事件营销的优势日益凸显。不过，娱乐品牌营销只是一种营销手段，而不是营销目的，尤其是在那些特色行业内，不少企业在开展娱乐品牌营销时或多或少存在一些误区，影响了事件营销的效果。

误区四：事件营销是短期炒作

虽然娱乐品牌营销表面上看起来属于"短期炒作"，其实它是企业在品牌塑造链上的关键一环，是一种"长期行为"。有些企业总想通过一两次的事件营销就一劳永逸，这是不可能的，仅仅凭一两次的娱乐品牌营销是很难将品牌的核心价值传递给消费者，并让消费者接受或认可的。为此，企业应当从长远考虑，从持续的投入来看待事件营销。

企业只有把眼光放长远，坚持长期的战略规划，只有以这样的眼光和规划开展娱乐品牌营销，才能够让品牌深入消费者的内心，并以最小的投资赢取最大的回报。

第九节 制定营销策略的目的

一般而言，企业中的销售人员是个人，企业外的经销商也是个人，虽然形式上有内外之别，但他们都是在同一环境中与企业互存共荣。弄清了上述关系，便能确定企业在制定营销策略时应遵循的一般原则。

1. 目标适宜的原则

古人云："取法乎上，得其中；取法乎中，得其下也。"这句话的意思是，目标要定得高一点，但过高的目标，又将制造经营的障碍。我们的目标不能定得伸手可得，而要做到跳一跳才能够得着。所以营销策略中的目标设定，既要"取法乎上"，又不能"高不可攀"。适宜才能得到推广，才能发挥良好的激励作用。

2. 配套运作的原则

"木桶效应"的原理是，一只木桶盛多少水，并不取决于最长的那块木板，而是取决于最短的那块木板。美国营销学者阿尔·里斯和杰克·特劳特提出的"二十二条商规"中有一条也说，企业采取的各项营销措施所产生的效果是不同的，其中真正发挥作用的只有一条。但这一商规成立的基本前提是，其他营销措施及其管理系统应与之相配套。

3. 符合需求的原则

前面在讨论企业与个人的相互关系时，已经揭示企业与个人应该是互存共荣的关系。企业应该满足个人的需要，同时也对个人有所要求。我们所制定的营销策略，如果不能满足个人的需要，同时又对个人有所要求，推广执行中就有可能出现不满的情绪，以致将其束之高阁，形同虚设。

4. 独有特色的原则

特色即特点，尽管每个企业在制定自己的营销策略时都遵循同一制定原则，但是我们在制定营销策略时，应该尽量找出同中之异，充分利用所搜集到的同业信息，分析比较，找到自己的独特点，进而制定出在阶段内独具特色的营销策略。每个企业都有自己的优势，我们只要充分地利用自己的优势，就能做到使我们所定的营销策略在阶段时间内真正具有不可模仿和不易模仿的特点。

5. 稳健经营的原则

有关专家提出了企业在市场进入理性发展阶段后应该稳健经营的论点。其实，一个企业在任何时期都不能忘记，稳健经营是企业发展的根本。我们制定的营销策略也必须符合这一原则，千万不可以因某种情况的发生而冲动经营，甚至用"杀鸡取卵"的方法，与自己的竞争对手针锋相对。

6. 激励上进的原则

制定营销策略的主要目的是，通过对企业资源的整合，发挥企业优势，使生产的产品达到市场销售的最大化，最大程度地激励我们的销售人员和我们所掌握的网络中的经销商。所以，我们在制定营销策略时应充分考虑到企业、销售人员和经销商三方的利益，从三方需求的深层次上来确定策略条文，使所定策略真正起到激励作用。

一个科学的营销策略，必须充分考虑到营销费用、营销组合以及营销资源配置，要将这些因素进行对比分析研究，遵循市场竞争的一般原则。

企业的营销策略是提高销售业绩、激励销售人员上进不可缺少的工具。一个科学的营销策略应随市场的变化、企业内部资源优势的变化适时地进行有效的调整，使其具有科学的内容。

企业营销策略一般包括下列内容：

（1）大纲或序言。说明制定依据、原因和目的。

（2）市场战略的推广方法与责任措施。此内容应具有随阶段发展的可变更性。

（3）对经销商的销售奖励政策。在此段内容中，应有对经销商的奖励、让利等可操作性的办法，并保证一段时期内政策的稳定性。

（4）对销售人员的销售奖励政策。应规定销售人员工作绩效的奖励标准，销售业务的提成办法，未达标的处罚措施，等等。

（5）营销通路程序规定。科学地制订销售通路管理程序，指令性确定程序操作方法。

同时科学地测定策略的有效实施周期，对可变更的理由，以及变更与解释的权力部门做出充分的论证与科学的界定。

对于上述内容，还应按照企业的实际情况，进行多次讨论。新政策推出前应充分征询意见，并做好科学的阐述工作，力争做到使所有的销售人员明确策略的要义，并且能透彻地向经销商宣讲，使经销商亦能从政策中体会到企业的一片诚心。

一个科学的营销策略也不是一劳永逸的。因为市场是在运动中的，市场的外因和企业的内因都会随着时间和空间的推移产生可变因素，所以，一个科学的营销策略也需要随着时间的推移和市场的变化适时地做出调整。

可以说，一个科学的营销策略应经历制定、试行、修订、推广、再修订的过程。也就是说，一个科学的营销策略应有一个良好的运动过程。另外，营销策略是推动营销计划执行的关键所在，所以，对于这一运动过程，我们应该有良好的控制，以保证我们的营销策略是科学的、合理的。

第七章

在娱乐中享受快乐，创造奇迹

第一节 明星代言引爆"凡客体"

正如我们看到的,明星代言已经成为大型企业必出的一张牌,无论这张牌的价格有多昂贵,这张牌的好坏有多难预测,企业巨头们仍然如飞蛾扑火般义无反顾。关于为形象代言支付给明星的动辄七位数的高额费用,所有厂商无可讳言,好像这钱花得很值。

曾经火爆一时的凡客诚品(VANCL)是一家 B2C 的网上商城,主要经营男装、女装、童装、鞋、家居、配饰、化妆品等产品。提起凡客,很多人可能比较陌生,但一说到"凡客体"很多人可能有所耳闻。"爱网络,爱自由,爱晚起,爱夜间大排档,爱赛车,也爱 29 元的 T-SHIRT,我不是什么旗手,不是谁的代言,我是××,我只代表我自己。"这条广告充分定义了什么是"一夜成名"。这一条广告是凡客诚品的形象代言人某位赛车手兼作家的高调自我宣扬。同时,另一位凡客代言人也以"平凡人"的身份冲击着主流文化:"我爱表演,不爱扮演;我爱奋斗,也爱享受生活;我爱漂亮衣服,更爱打折标签;不是米莱,不是×××,不是大明星,我是×××,我没什么特别,我很特别;我和别人不一样,我和你一样,我是凡客。"这是明星为凡客所做的又一代言。

这就是曾经极度火爆的"凡客体"。很快,被 PS 的明星已达上千人,其中有恶搞也有追捧。这次网络运动呈大爆发趋势,无论是网友自发行动，还是凡客的炒作营销，各种说辞丝毫没有影响网民的创意热情。

随着"全民调戏凡客"风行网络，凡客诚品为每个人找到了创新的快感。"爱××，爱××，也爱×××，我只代表我自己，我是××"，在这样的模板下衍生出了各种拿名人开涮的PS图片。从豆瓣网开始，网络上瞬间出现了网友自发PS的2000多张凡客体广告图，它们涵盖了所有的层面，包含了众多处于风口浪尖或大名鼎鼎的人物。

这场轰轰烈烈的全民运动持续"高烧"，"凡客体"一词在百度百科应运而生。百度百科对"凡客体"的定义是：凡客诚品（VANCL）广告文案宣传的文体，该广告意在戏谑主流文化，彰显该品牌的个性形象。然其另类手法也招致不少网友围观，网络上出现了大量恶搞"凡客体"的帖子，代言人也被调包成有炒作倾向的各路名人。其广告词更是极尽调侃之事，令人捧腹，被网友恶搞为"烦客体"。

我们一起看看微博上部分网友对"凡客体"的评价：

@渐修：今天订阅的微博里出现了太多的伪凡客诚品的广告，一看都是有预谋的营销活动。凡客今年年初起用××代言，并推出"凡客体"系列广告，策划源于前奥美创意总监（曾操刀"我的地盘我做主"），这次的全民调戏活动已在豆瓣和新浪微博上形成了热点。网络营销的方式越来越奇怪，凡客在网络营销的创新非同一般。

娱乐品牌营销

@许晓辉:"凡客体"的 PS 热潮必将成为网络营销的一个经典。

@VANCL"粉丝"团:爆个料,昨天××来京拍摄 VANCL 下一季 TVC。聊起网上火爆的"凡客诚品体",他告诉我的同事看到"凡客诚品体"了,觉得很有意思,显现出网民的力量很强大。

@李伟 seo:这次营销很成功了,前两天坐地铁,我对面竟然有三个人穿凡客的鞋,我穿的也是。

@王伟:凡客诚品恶搞广告风靡原因分析:①凡客诚品的知名度,中国最具代表性的网络服装品牌。②××代言,××的知名度比凡客诚品更高,且有很大的争议性。③大量文字的运用,PS 图片网友玩腻了,突然来了一个可以发挥文笔的机会。④爆点,第一批 PS 图的成功爆发,让大家明白可以这样玩。

@赵老工人:有同学问"凡客体"的来龙去脉,把我知道的给大家说说。VANCL 作品出自"远山广告",策划是前奥美创意总监,天津派文案领头人物,其代表作是"动感地带——我的地盘我做主"系列。本次"凡客体"发起者是一位男明星"闹太套"版本,而真正的引爆点来自一位相声演员的"鸡烦洗",作者是一位无名小卒,广告圈资深文案。

"凡客体"创造了互联网营销的一个新时代,不仅为凡客带来了巨大的口碑营销效应,也为凡客带来了巨大的订单。一个好的营销思路和方案,已经在影响电商的未来。从派代网络营销大师,到电商实战营销创意,电子商务正在创造新一轮创意年代。

凡客的"无心插柳"已在网络上掀起一场大范围的病毒营销。

第七章 在娱乐中享受快乐，创造奇迹

中央民族大学广告学专业一位教师表示："凡客诚品这次营销的最大特点在于，它并不直接产生对凡客诚品本身产品的口碑，而只是通过恶搞来吸引眼球，提升知名度。"传统的营销是通过广告的形式，客户被动接受产品信息。但是，随着广告数量的急剧增加，不但营销费用高涨，其效果越来越差。与传统营销方式截然相反，病毒营销多以诱导为主，同时还为消费者提供可参与的娱乐活动，其已受到广泛欢迎。

此次"凡客体"的营销则在病毒营销的基础上更进了一层，传播的信息是"多病毒"，而非"单个病毒"，发动的群体也不是商家单个体，而是庞大的网民。与传统病毒营销主要依靠厂商发动其自主创作的"病毒"信息不同，这次"凡客体"的传播不仅仅限于凡客诚品产品本身，而是在群策群力的基础上，广泛传播多样版本的"病毒"，声势之大前所未有。

针对此事件，凡客诚品媒介经理认为，"凡客体"与凡客诚品无关。他这样表示："针对凡客诚品平面广告被广大网民再创作，此事和凡客诚品无关。"

这位媒介经理还表示，凡客诚品对该事件有三点看法：第一，网络上 PS 凡客诚品广告的行为，充分体现了网络的力量和网民的智慧，无论是戏说的创造力还是真实的自我表达，他们都会学习，保持尊重并满怀敬意。第二，凡客诚品平面广告之所以会被广大网民关注并加以演绎，来自广大网民朋友对于真实评价他人、真实评价自我的需求。第三，作为依托互联网土壤，并倡导人民时尚理念的品牌，凡客诚品真诚希望广大网友真实表达自我，凡客

诚品也愿意为广大网友搭建一个真实表达自我的舞台，为倡导健康绿色的网络文化做出努力。

此广告的制作者认为，这条广告之所以流行起来，是因为大多数人觉得确实有趣。实际上，自从"凡客体"流行以来，在微博上，营销界人士对其为何流行的讨论源源不断，经常被谈及的就是PS这条广告的简单易行：白色底板，一张照片加上几行字就可以实现自己的想法。但一位接近凡客诚品的人士评论说，无论描述怎样方便，操作怎样顺畅，"凡客体"之所以流行，关键还是"正版"的广告文案本身写得好，这才会引人模仿。

什么样的广告才算得上好，这实在是太难回答的问题。广告制作者介绍说，最初的广告创意瞄准靠自我奋斗、努力获得成功的"80后"，因此创意者就想出了能表达自我且极富个性化的语言。

一位业内人士则解释得更为细致："这是一条有态度的广告。当你看到这些简单直白的生活化的描述，你会感觉它想和你互动，想和你沟通，想和你交朋友。"这条广告，在互联网上又恰好碰到想交朋友的人，使用社会化交友社区（SNS）和微博的网友们热衷于传播信息、展示自我、调侃朋友，于是便很愉快地接受了这样的广告形式，"与此同时，从技术上讲也还算很容易"。他最后总结说："一条好的广告要有态度，其实很多感觉，做广告的人一说就都明白了，你明白了吗？"

也许像我们这样的普通人并不容易明白广告创意的灵感所在，但网友们从这一大段"爱什么，不爱什么"的排比句中，还是能品出些"形式即内容"的味道来，这形式本身就显得坦率真诚。

业内人士对此表示，国际知名的快消品牌通常有两种广告策略：一是在主流媒体上投放主流广告，二是通过网络结合线下活动进行广告传播。引起争议的同时也就引来了关注的目光。至此，品牌的营销也获得了成功。"凡客体"或是凡客诚品的一次娱乐品牌营销，无疑它是成功的，它也许会成为网络营销的经典案例。

第二节　冠名/赞助：吸引眼球的娱乐品牌营销

娱乐品牌营销，是营销行业中最近炙手可热的概念，从传统的金融业、汽车制造业到新兴的互联网巨头，如 BAT，抑或是名不见经传的小微品牌企业，都热情地参与到如火如荼的营销活动中。大到数亿的高额冠名，小到以万计量的植入广告，有人折戟而归，留下的仅是遗憾和怀疑；亦有的企业拼接创意的方案和高效的执行，实现"四两拨千斤"的效果，使品牌迅速崛起。

当然，要学得盖世的武功，必先修其至上的心法口诀。娱乐品牌营销本质是对商品和服务的一种营销行为。营销是发掘消费者的需求，促使其深刻了解该产品或服务进而选择的过程（或手段）。那么，娱乐品牌营销，就是借助娱乐的元素或形式将产品或服务与客户建立某种联系（多情感上的），实现品牌宣传曝光、消费者购买的目的。

冠名/赞助，成为非常吸引眼球的娱乐营销方式（也是昂贵的），如美丽说冠名《奔跑吧兄弟》第三季，加多宝冠名《中国好声音》。在电视综艺节目中，闪现了一匹黑马，那就是歌唱选秀节目《中国好声音》，随之一炮而红的还有押宝成功的加多宝。如果说加多宝的市场品牌提升奇迹有偶然因素，那么加多宝延续辉煌则需要更多的努力和用心的策划。综观加多宝在整个娱乐品牌营销策划过程中的表现，处处显示出其对于娱乐以及娱乐品牌营销的深刻理解及灵活运用。

美国经济学家沃尔夫在《娱乐经济》一书中指出："社会中的一切经济活动都能以娱乐的方式进行,极少有什么业务能逃脱娱乐因素的影响。倘若没有娱乐内涵,在明天的市场上,消费性产品立足的机会将越来越少。"

加多宝除了继续与"正宗好凉茶+正宗好声音"的合作,冠名第二季《中国好声音》之外,还与浙江卫视联合推出了"唱饮加多宝,直通中国好声音"活动,通过"网络报名+现场推介会"的形式,为《中国好声音》导演组发掘更多"好声音"。

严格来说,娱乐品牌营销属于体验营销的一种形式,是借助娱乐活动,通过各种形式与消费者的情感建立联系并实现互动,将娱乐因素融入产品或服务,从而达到销售产品、建立忠诚客户的目的。因此,"情感""互动"就成为娱乐品牌营销的关键词。将电视节目海选延伸到网络媒体,使更多的受众可以参与进来共同互动,进行情感共振。加多宝无疑"吃透"了这一点,因而才有如此之作。

娱乐品牌营销有两大特点:"实体、媒体、消费者三位一体"和"互动性"。从加多宝赞助第二季《中国好声音》的表现看,在歌唱选秀节目纷纷登场的情况下,为了持续吸引受众注意力,达到甚至超过第一季时产生的影响力,加多宝此番采取了高卷入度的赞助战略。

"好的赞助商就是投资方,加多宝不是一般的赞助商,加多宝把赞助当成自己的生意去运作。"调动一切资源,整合一切力量,放大音量,制造舆论,以实现加多宝和《中国好声音》两个品牌

娱乐品牌营销

的共赢。与加多宝一样成功的企业还有一家，就是美的。由美的厨房电器独家冠名的《顶级厨师》第二季正式开播。一连三个月的强势宣传、播出，让全国观众认识了顶级厨师，也让美的厨房电器更加深入人心，赢来观众的热议、好评。之后，美的厨房电器属下的美的蒸汽洗油烟机再斥巨资冠名某卫视从韩国原版引进的大型综艺节目《我的中国星》。两大实力品牌的强强联合，引发业界对其中所带来的经济效益产生无限猜想，更有不少业内人士表示看好美的厨房电器此次娱乐品牌营销的效果。

营销专家介绍，娱乐品牌营销是借助娱乐的元素或形式建立产品与客户的情感联系，从而达到建立忠诚客户、传播品牌目的的营销方式。作为一种感性营销，娱乐品牌营销注重的不是从理性上把品牌信息推给消费者，而是通过感性共鸣从而让消费者潜移默化地接受品牌信息，并认可品牌。

的确，像美的厨房电器这样采取冠名或赞助的方式，是非常吸引眼球的娱乐品牌营销方式之一，为这些品牌赢得了极大的经济效益，是非常成功的娱乐品牌营销案例。与其他许多大品牌的成功一样，美的厨房电器在此次一系列的娱乐品牌营销事件中也被广泛看好，主要由于两方面的原因。

首先，美的厨房电器选对了其所要冠名的节目品牌。无论是《顶级厨师》，还是《我的中国星》，两档节目都和美的厨房电器一样，有着强大的实力和影响力，并且有着一致的价值观。美的厨房电器的实力毋庸置疑，作为全球颇具规模的厨房电器供应商，其追求创新，不断研发出技术先进的优势产品。例如冠名《我的中国星》的美的蒸汽洗油烟机，就是美的厨房电器最新研发的智能产品；而《我的中国星》是以韩国收视第一的节目《Superstar K》为原型，由某地方卫视联合韩国 CJ E&M 公司打造的，港澳台三地大牌明星都纷纷前往坐镇，其品牌影响力可见一斑。因此，实力强的美的厨房电器和同样实力不容小觑的节目品牌，做到了强强联合，相互成为对方强大的支持力量，这是其娱乐品牌营销成功极为关键的一步。

其次，美的厨房电器此次娱乐品牌营销被看好，还由于其对冠名项目给予了很大的支持，抓到了娱乐品牌营销的关键，即让消费者潜移默化地接受品牌信息，而不是硬生生地推销产品。美的厨房电器为《顶级厨师》提供了大量的厨电道具和各种物料支持，为了协助《我的中国星》宣传片的拍摄，甚至还出动了美的总部的直升飞机。此外，美的厨房电器还利用自身强大的广告宣传资源，结合节目和品牌铺开了强大的宣传网络。

无论是加多宝还是美的，或者是那些名不见经传的小微企业，都意识到成功吸引眼球的营销是与娱乐节目成功"联姻"，方法是冠名/赞助。

第三节 活动营销：具有独特性和差异文化的营销

活动营销是娱乐品牌营销最重要的环节，对于一种商品而言，可以不做广告，但绝不能省略宣传活动，尤其是对于刚上市的新产品，活动营销几乎是吸引人气、积累客户的首选。

我们知道，消费者购买商品一般要经历"知道、了解、好感、购买"四个阶段，对应这四个阶段，营销的运作主要包括"定位、推广、展示、价格、销售"五大环节。在这"四大阶段"和"五大环节"之中，广告一般只能起到造梦、吸引眼球、使客户产生联想和希望的作用，而活动则因为其零距离接触消费者以及变被动为主动的两大优势，在娱乐品牌营销的每个节点都起到至关重要的作用。项目造势与推广、客户积累、展示和体验、价格的公布、认购与开盘等都必须依靠活动营销搭建的平台。

在准备活动方案之前，最重要的是确定本次活动要达到的目的，然后根据不同的目的策划、部署不同类型的活动。

活动营销的目的主要有三个：

第一是制造新闻。在项目的亮相、起势阶段，通过制造新闻事件以扩大项目的知名度，拔高项目的形象，提升项目的宣传调性，这类的活动营销以制造新闻事件、扩大项目知名度为目的，我们称为"事件营销"。

第二是改变态度。项目建立知名度后，要解决的问题就是积累客户，并且使之改变态度、产生偏好，打造项目美誉度，尤其是先天有缺陷如较偏远的项目，要提升现场人气，消除客户抗性，增强吸引力，这都需要活动营销。

第三是达成销售。项目建立知名度、美誉度，最终是为了达成销售；项目积累起一批意向客户后就要开始消化，最终将其变成现实客户。在各重大营销节点上的活动营销就是为了达成上述目的。

在军事论著中，把战争按目的分为"消耗性战争"与"歼灭性战争"。如果把娱乐品牌营销比作一场战争，营销活动也可以分为"消耗性活动"与"歼灭性活动"。上述前两种目的的活动都可以称作"消耗性活动"，其不以销售为直接目的，而是为了改变客户的认知和态度。为了方便分析问题，我们把第一种营销活动独立出来，称之为"事件营销"。上述第三种目的的活动可称之为"歼灭性活动"，其目的是歼灭意向客户使之达成销售。除了上述三种类型外，还有的大型活动延续时间较长，配合营销节点，兼具"消耗"与"歼灭"两种目的，并且带有事件营销性质，我们姑且称之为"综合性活动"。

根据上面的分析，我们将营销活动分成四大类：事件营销、消耗性活动、歼灭性活动与综合性活动。

活动营销要取得成效，精心策划和有力执行是关键，精心策划的关键点又在于活动必须具备吸引力、关联度、可信度、操作力和传播力这五大特点。

没有吸引力的活动营销是苍白的，比如做一个干巴巴的产品说明会，搞一个植树节种树活动，这些对消费者根本没有吸引力，活动人气就更不能够保证了。

另外，搞一些可信度不高，如"买房抽奖中宝马"之类的噱头，或者操作难度很高、传播力不强的活动，都算不上一次好的营销活动。

一个优秀的活动营销除了符合"五大特点"外，还必须做到"动之以情、晓之以理、攻之以心、诱之以利"十六字诀。

"动之以情"就是在一个活动营销策划中，要吸引社会大众的注意和参与，就必须注入"情感"因素，以情动人。深圳桂芳园第七期命名为"蜜月岛"，在其开盘的时候请 50 对新人巡游小区并举办"西班牙金桂婚典"，潘石屹在申奥成功的时候用重达 3600 千克写有"2008 北京"的幕布把现代城 SOHO 包起来，万科东丽湖举办的"浪漫七夕，相约东丽湖"活动，这都是主打人的情感。在策划营销活动时经常需要一个由头，这个由头往往就得用人的情感来包装。

"晓之以理"就是寻找一个足以使消费者心动并参与的理由。北京远洋天地的业主车模大赛，深圳招商海月花园主办的少儿钢琴大赛，佛山怡翠玫瑰园主办的"漂亮妈妈大赛"，等等，都是"晓之以理"的案例代表。

"攻之以心"就像"谈恋爱"一样，让对方彻底失去心理防线，心甘情愿地接受。这就要求我们要针对不同的客户，或者不同的问题对症下药，彻底征服你的客户。例如，万科推出"工法样板房"，北京珠江地产推出"阳光计划"（即阳光产品、阳光交易、阳光服务、阳光交房），宁波金地国际公馆的"公馆真人秀展示活动"，还有万科的体验展示活动，等等，都是对消费者进行"攻心战术"的案例。

"诱之以利"，没有利益驱使的活动是不完美的，尤其是以成交为目的的活动，必须设定一定的优惠利益作为活动成交的工具。《超级女声》红遍大江南北，其主要原因是参加《超级女声》可以实现当明星的愿望。不过，促销一定要做到适可而止，要把握一个度。

活动营销，是具有独特性和差异文化的营销。掌握了"五大特点"和"十六字诀"，基本上就掌握了活动营销的要领，就可以制作出一场具有象征性和差异文化的营销活动。

第四节　内容植入：极具挑战的娱乐品牌营销

我们在看电视剧、电影、综艺节目时，眼尖的观众常常会注意到一些细节，便是节目中出现了一些产品。这看似简单又随意的出现，却是经过精心安排的，这就是营销策划中的植入营销。

植入营销是极具挑战的娱乐品牌营销方式。内容植入的隐蔽性非常重要，如果品牌压倒剧情的话很容易让消费者反感，而自然流畅的品牌植入则容易让消费者对品牌产生好感，在这里尺度的把握非常重要。

自广电总局监管政策调整以来，电视节目黄金时段广告时长大幅减少。比起在电视上投放硬广告，品牌宣传越来越倾向于把大量的营销预算由硬广告转移到内容营销上。所谓植入营销，是借助文字、音频、视频等内容，做品牌及产品的冠名赞助和软广告植入，从而实现营销推广的联动效应。

王老吉与《挑战者联盟》栏目合作，在整合硬广告资源的前提下开展内容营销，通过以节目指定饮品身份植入节目内容中，实现多层次的品牌曝光效果。相对于硬广告的快速、直接，内容营销更加低调，优势更为明显。无论是作为游戏道具、嘉宾饮品，还是默默地作为背景般的存在，王老吉不打扰节目剧情和拍摄，也不叨扰节目观众，而是作为节目的一部分向观众展示品牌形象，潜移默化地影响消费者的心理认知，获得一种稳定持久、性价比高的传播效果。再者，王老吉本身就承载着吉祥、欢庆和好运的美好期盼，节目开播就成为同时段的收视冠军，创造了收视奇迹。

《挑战者联盟》也和众多户外真人秀节目一样，其节目录制空间的开放性和道具元素众多的有利条件，也为节目中的王老吉产品软性植入提供了诸多的便利和可能。王老吉之于《挑战者联盟》，如同"安慕希"之于《奔跑吧兄弟》，传统饮料与真人秀节目制作的结合，可谓相得益彰。

真人秀节目中花样植入广告的形式，银屏前的观众是否买账呢？事实上，这些渗透大量商业广告的优秀真人秀节目在不打扰观众的情况下，反而迎来了节节攀升的收视率；而伴随着节目的热播，这些植入品牌也获得了口碑和曝光度的双丰收。试想一下，《挑战者联盟》明星热汗淋漓地完成任务，喝上一口冰镇的王老吉，这一最为平常的消费场景借助明星的表演，通过电视画面传递到成千上亿的观众面前，留在他们的脑海里，下次消费者渴了，上火了，是不是也会不经意地拿起一罐王老吉清凉一"夏"呢？

总体来看，这次传统快消行业和热门综艺节目的碰撞，为王老吉品牌注入了强有力的年轻化基因。内容植入、品牌形象曝光的紧密对接，也让王老吉与《挑战者联盟》的合作实现了品牌与内容的双赢。

"90后"的消费力量已经崛起。中国消费者趋势报告指出，成熟的新时代消费者在中国城镇15~70岁人口中占比为40%，这一比例在2020年将达到46%。谁能最终赢得年轻人的心，无疑将会在市场上占据主导权。王老吉深知这一点的重要性，自"超吉+"战略发布以来，始终致力于走品牌年轻化、时尚化道路，不断拓宽创新营销的领域。

赞助《挑战者联盟》，抢滩电视节目真人秀的营销市场，是王老吉抢夺年轻消费群体的注意力、实现品牌年轻化的一大战略举措。除此之外，近年来王老吉还积极玩转热门IP，挑战借势场景化营销、打造社群生态、联手跨界营销等方式，利用互联网这一利器，撬动品牌年轻化的大门。

比如，由王老吉首席冠名的电视剧《报告老板》华丽上线，在各大视频网站上热播后，仅一个月的时间，在优酷网、土豆网累积播放1000多万次，微博话题互动达38.3万次，掀起新一轮的收视小高潮；而王老吉品牌全程贯穿剧目营销和传播的点和面，与某影视演员及剧组成员联手打造了与剧情高度融合的品牌花式植入。

此外，针对备受年轻人喜爱的热门IP，王老吉先后牵手《亲爱的》触动大银幕，买断大热网剧《盗墓笔记》全流量贴片广告，成为《万万没想到》大电影首席合作伙伴，通过与这些现象级优质IP的深度合作，赚足了消费者的眼球和好评，也给年轻一代消费群体带来了一次全新的营销体验。

之后，王老吉启动"超吉+"4.0战略，联合互联网巨头阿里巴巴、武侠游戏商西山居开展跨界合作，开启共生营销；同时，携手全球大数据界的知名公司微码邓白氏搭建"超吉+"凉茶大数据平台，为消费者提供私人定制化的产品和服务。这些均是王老吉契合当下消费者追逐个性定制、社交互动的潮流，应势而生的新举措。

在追逐品牌年轻化潮流的路上，老字号王老吉深谙娱乐品牌营销之道，凭借 IP 化的广告投放，创造了全新的品牌营销体验，成功地将"粉丝"经济和热门 IP 嫁接为自己的品牌资产。笼络不同圈层的"粉丝"，将其转化为品牌消费群，与王老吉"超吉+"战略实现无缝对接，提升了王老吉在产品、渠道、品牌和文化等各个方面的消费体验。

"得年轻人得天下"，成为当前传统企业转型升级、拓宽消费市场的共识。王老吉在品牌年轻化战略上动作频出，从内容共创与品牌传播的深度融合，到"互联网+"战略的升级换代，最终赢得年轻消费群体的心。王老吉还将继续引领凉茶饮料市场增长与创新，百年老字号品牌在未来市场的表现值得期待。

第五节 将品牌进行娱乐化延伸和增加附加值

在这个网络绑定生活的时代,品牌如何更好地搭载娱乐元素,与受众达成更有效的沟通,是值得每一家企业的营销者认真去思考的课题。

当大家的注意力都集中在产品植入或贴片广告的传播时,有些品牌却独辟蹊径,将目光聚焦在品牌娱乐化延伸和增加附加值上,从编剧策划到制作出品,将品牌价值全方位融入电影元素,产生强烈的记忆与共鸣。

将品牌进行娱乐化延伸和增加附加值,海尔就是最好的例子。从一家资不抵债、濒临倒闭的集体小厂,发展成为世界品牌500强排名居前位的家用电器制造商的海尔集团,投资制作了总长度为212集的《海尔兄弟》,这部动画片于1995年完成,1996年上映。

《海尔兄弟》讲述了一对由智慧老人所创造的海尔兄弟,和他们的朋友一起,为解决人类面临的灾难、解开无尽的自然之谜而环游世界,从太平洋穿越北美、南美、南极、澳洲、非洲、欧洲、亚洲,最后回到他们的诞生地——太平洋的神奇历险故事。故事情节跌宕起伏,跨越时空,蕴含丰富的自然、历史、地理、人文等社会科学知识,具有极强的趣味性、娱乐性。

第七章 在娱乐中享受快乐，创造奇迹

这是一部让孩子们在轻松、娱乐的氛围中丰富科学知识、提高智慧的梦想动画片，它倡导正义、正直、勇敢、善良、诚信等价值观。本片已与美国最大的儿童卡通片频道"美国卡通频道"有签约计划，在该频道播出前《海尔兄弟》DVD 的测试结果非常令人吃惊。测试《海尔兄弟》在美国儿童中的受欢迎度时，在孩子们看《海尔兄弟》动画片的途中关掉电视，他们会立即打开电视；当用其他方式想把他们从动画片中吸引开，却没有一个人离开。他们确实非常喜欢该节目，测试的结果非常乐观，不仅是孩子，就连他们的父母也喜欢这个节目。他们认为该动画片与其他动画片不一样，没有血腥打斗，没有色情，而且故事当中蕴含着丰富的知识。父母们认为，该动画片会成为儿童和父母都喜欢的有教育意义的节目。《海尔兄弟》中人物形象生动亲切，所阐述的道理浅显易懂，融知识性与趣味性于一身，集科技与生活为一体，在米老鼠的家乡受到欢迎，其魅力可想而知。

在《海尔兄弟》上映 20 周年之际，纪念版的全集动画片已经在爱奇艺、腾讯视频等视频门户网站播出，引起"80 后""90 后"的怀旧热潮。仅在爱奇艺上，首集点击量已近 2000 万人次。网友纷纷表示，动画片勾起了儿时的回忆，留言说："小时候特别爱看的动画片，童年啊！"也有网友评论道："这是我长大以后看到的最棒的一部动画片，从里面学了很多知识，很有意义。"知名动漫网站 ACFun 和 Bilibili 上也全集收录了《海尔兄弟》，网友交互反响热烈，弹幕近乎满屏，普遍认可这部经典作品的文化定位。

作为海尔拥有的著名 IP，在 IP 盛行的文化产业的风口下，如何围绕《海尔兄弟》，打造一系列具有科普性、教育性、创新性与

时代性的动漫、游戏、影视及周边文化产品,并拓展其他衍生 IP,形成一个泛科幻 IP 生态圈,成为宣传海尔文化的主要课题。

腾讯公司的"QQ 企鹅",将品牌进行娱乐化延伸和增加附加值,也是一个经典的案例。

你可能没有注意到的是,从 2000 年到 2018 年,这只企鹅已经 19 岁了。19 年中,它的形象改变过 5 次,从瘦长的拟物化企鹅、胖胖的红围巾企鹅、剪影版企鹅,再到现在扁平、中性化的企鹅,每一次改变都代表了一种新的设计潮流,甚至反映了互联网的不同发展阶段。

腾讯网新的品牌标识中,由绿、黄、红三色轨迹线环绕的小企鹅标识构成了品牌标识的主体,也是品牌标识中最为醒目的部分。环绕 QQ 企鹅的三种颜色,代表腾讯网在蓝色的科技基石上,为民众提供的三个创新层面:

绿色,表示提供日新月异具有蓬勃生命力的产品。

黄色,表示提供温暖可亲的多元化互联网服务。

红色,表示倡导年轻活力、创意无限的 QQ.com 生活方式。

同时,三色轨迹线所形成的无缝球体,也代表着 QQ.com 为消费者打造的精彩的虚拟生活空间,凸显腾讯网致力于倡导在线生活的经营主张。它将腾讯网"以用户价值和需求为核心"的品牌内涵体现无余。球形标识以 QQ 为中心,向外扩散成不断运转的世界,寓意腾讯从最大的即时通讯社区起步,随着用户需求和互联网应用的发展，业务范围和运营领域不断拓展；围绕主球体发散的彩色轨迹线，强调不断流转、延伸的意义，寓意腾讯网"以用户价值和需求为核心"的不断发展，不断满足人们在线生活的多种需求。

在一个品牌塑造的过程中，如果不注重年轻因素的塑造，品牌就很容易老化，因此，增加年轻、活力、时尚感等因素，成为很多品牌都在思考的问题。影视剧内容、栏目等广告植入以及微电影等娱乐品牌营销方式，借助其对用户的视觉冲击效果，为品牌创造快乐的内涵并提升活力，吸引消费者主动参与，使其在娱乐中获得轻松快乐的体验，从而激发消费者对品牌的记忆度和购买动机。

第六节　话题营销：考验创意的娱乐品牌营销

话题营销在国外又叫付费评论，属于口碑营销的一种。话题营销主要是运用媒体的力量以及消费者的口碑，让广告主的产品或服务成为消费者谈论的话题，以达到营销的效果。

但凡稍有留意社会新闻的人都会发现，"中国大妈"已经成为互联网热捧的"话题女王"，而且总能登上话题热榜，"中国大妈"群体在营销传播中总会展现出无限潜力。然而就是跳跳广场舞、打打牌或者聊聊家常的生活，也让"中国大妈"在国内外频繁出现状况，并被大家所熟知。在这些活动过程中，令人津津乐道的就是"中国大妈"的彪悍举动。

于是，在网友心中，"大妈"这个词就被贴上了醒目的标签：她们有自己的江湖，热衷广场舞；她们出入各大商场，以买打折鸡蛋的速度抢LV，也以买LV的热情挑选鸡蛋；她们大战华尔街，赢得国际声誉，创造英语热词……。"中国大妈"们以迅雷不及掩耳的速度，占据了各大互联网舆论阵地的热门话题地位，同时，更是占据了营销、广告从业人员的心。

中秋前几天的事件营销，37游戏紧紧抓住了社会大众的眼球。当无人机载上中秋惊喜，当年轻小伙耍浪漫遇上中国大妈"无情击落"，当不明真相的看客还在此起彼伏地吐槽着无人机和"秀恩爱"的时候，殊不知"中国大妈"才是最引人注目的女主角，惊为天人的"袭机"举动，让该事件迅速成为大众茶余饭后的舆论话题，也让37游戏办公大楼变成又一著名的品牌人文景点。

一个个"中国大妈"标签式新闻的背后，或多或少都带有槽点和好奇心。大妈所引起的吐槽和意外，已经变成一个无形的推手，越能引发吐槽和好奇心的，越会形成关注，成为热点，总有好事的看客，点开评论翻看一遍又一遍。

舆论里的大妈群体各式各样，或土豪，或彪悍，或可爱……，她们演绎了属于中国式大妈的威武形象，而以"中国大妈"为代表的标签式话题营销手法逐渐形成，"中国大妈"标签式营销的井喷时代已经开启。当我们在媒体上再次看到关于"中国大妈"的新闻时，也得擦亮眼睛，仔细思考，这是不是又一场营销？

尽管话题营销已成为营销中快捷、影响力大的营销方式之一，大量的企业也纷纷加入话题营销中来，但是大都做得不是很好，下面我们来看一看话题营销的步骤。

（1）寻找具有传播性的话题。幽默恶搞、社会问题、热点事件比较容易传播。比如，美国总统选举，这是一个不折不扣的热点，吸引了全球的目光。必胜客自然不会放过这个热点，他们要借楼登高，借名生辉，把公众对总统选举的关注转移到对必胜客的关注上来。

他们针对总统选举这个热点，选择了"口味选举"这个结合点，即总统选举是奥巴马和罗姆尼的事，但是吃披萨选择辣肠还是香肠那就是全美国人的事。于是，必胜客针对这个热点抛出一个话题，奥巴马和罗姆尼的第二场辩论中，现场观众或者能够打进电话提问的观众，如果能问问两位"吃披萨是选意大利辣肠还是香肠"就能获得必胜客终身免费的披萨。

必胜客不仅发表声明，还制作了视频短片，以便于话题进行扩散。

这个话题一经抛出，顿时成为多家媒体版面报道的热点。它成为新闻有两个要点：第一，向总统候选人提如此无聊的话题；第二，对行为的奖励，即终身免费吃披萨。

最终，必胜客这个话题产生了广泛的波及效应。很多人怪模怪样地模拟演练："二位，请问披萨选辣肠还是香肠？"还有民众议论，"总统到底喜欢什么口味的"。

很多民众觉得必胜客开了一场玩笑，给这场选举添加了趣味。必胜客一直强调自己是欢乐餐厅，这种略带调侃的话题营销无疑增强了这种欢乐餐厅的正向感知力。

（2）一定要利用自己的优势资源尽可能地为话题传播提供助力，仅仅靠有传播性的话题传播是远远不够的。

（3）持续进行后续话题的编写，不要好多天编辑一个。营销是一个漫长的过程，需要不断地更新话题，这样才会让人注意到你，比如你在新浪网进行营销、发帖，大家都知道新浪网几分钟内就会诞生大量的事件与话题，一个话题推出后如果没有后续话题的跟进，必然会石沉大海，没有人能够看到并且关注你。

在实行这三步时，还应该注意：第一，要尽量避免低俗恶俗的话题。低俗恶俗的话题容易找到，且传播性极强，但观众都不喜欢，这会影响你的营销效果。第二，在为话题传播提供助力和持续抛出后续话题的时候，一定要整合可以整合的全部资源。做整合营销，对用户造成信息"轰炸"。当用户面对躲不开的宣传攻势时，才有可能更积极地参与话题传播。第三，节目的品质才是根本。营销人员做的只是信息的传播，而能否赢得观众的认可，最终要看节目的品质。

　　社会化媒体传播的规律有时候是难以捉摸的，有时候"剧情"反转得很快，企业上一秒还在为自己的创意沾沾自喜，下一秒就被网友找到槽点然后被狠"黑"，而当你还在想着如何补救这个槽点的时候，没过几分钟，槽点竟然变成了亮点，加大了创意的传播。因此，在社会化营销传播的过程中，千万不能见风就是雨，风吹草就动，有时候还需要以静制动，静观其变。迅速做出决策反而会出现误判，而这恰恰是社会化媒体营销的魅力所在。变化中充满着营销机会，也给了很多企业借势营销的机会。

第七节　微电影：风头正劲的娱乐品牌营销

当下，越来越多的事物被冠以"微"的名号，微博、微群、微信、微小说、微电影等，已成为人们所熟悉的词语，并融入大众的生活中，成为社交、娱乐不可或缺的组成部分。我们已处在一个微时代，生活方式以及信息的传播方式悄然间发生了巨大的变化，微时代信息的传播速度更快，传播的内容更具冲击力和震撼力。恰当、巧妙地利用微时代中的新媒体，如微博、微电影、微信等进行营销，无疑能夺得先机，更好地为企业品牌做宣传、推广。

如今速食时代，看一部长达100多分钟的电影似乎成为人们奢侈的享受，于是近两年来，时长为几十分钟、几分钟，甚至一分钟的微电影应运而生，迅速抢占人们的眼球，并快速传播。微电影的出现和发展，让碎片时间得以充分利用，因主题多为反映社会现实以及当下人对生活的看法，使其从曲高和寡的艺术中得以真正回归到大众中来。

与传统的营销主要向受众灌输产品不同，在微电影中很难找到生硬的广告植入。它们一般时长5~10分钟，通过一个个有关爱情、亲情的故事，向观众推广企业品牌、传递企业价值观。一部微电影从构思、找演员、写剧本到最后拍摄、制作，时间跨度为1~2个月，其中拍摄部分仅需1周左右，有些甚至一天就可以完成，投资在10万~50万元。显而易见，比起制作费用动辄上百万元、上千万元的视频广告，微电影的成本要低得多，优势很明显，而且微电影很适合在招商时播放。

品牌中国产业联盟的品牌专家认为，微电影已成为企业营销新宠，有些企业已将其作为下一年营销重点，未来借助微电影营销的企业会越来越多。

微电影多打爱情牌、亲情牌，投入小，传播速度快，有些微电影在优酷网、土豆网、新浪网以及企业的官方微博一上传就引起关注，点击量在短时间内过百万人次，获得了高度关注。在品牌专家刘军看来，微电影的传播效率取决于它的故事和创意，财力反而是次要的，微电影营销给小微企业的品牌宣传提供了更大的发展空间。

比如，陶卫行业刮起了电影风。在佛山，微电影营销如雨后春笋，陶企联手微电影逐渐被热捧，依诺陶瓷携手顶峰影视打造了行业内首部微电影《爱·伊诺》，阳光陶瓷投资拍摄中国建陶行业第一部企业公益性电影《阳光》，玛缇瓷砖出资拍摄微电影《让玛缇飞》，金意陶投资拍摄微电影《激情森林》，等等。

红星美凯龙更是在"爱家日"推出微电影《时间门》，讲述的是演绎事业成功却没时间陪伴家人的公司老总，终于积劳成疾，得了失忆症，面临只能保存一天记忆的困境。这是国内首部以"家"为主题的微电影。《时间门》在开篇就提出这个设问：你最想保有生命里的哪一天记忆？看似平淡无奇的一个问题，片子一出立刻引发了众多网友的深思和感悟，成为网络上热议的话题之一。

特陶卫浴在2016年4月推出网络短片《马桶编年史》，以独特、幽默的广告语讲述了马桶的特点，短短6周时间内，在没有电视广告、没有传统媒介推广的情况下就达到了1000万人次的点击量，取得了不错的营销效果。

申鹭达卫浴分别在青海卫视、厦门卫视冠名打造了优秀微电影展播栏目《幸福微剧场》《申鹭达东娱微剧场》，先后上映了《快递》《清蜜日记之白红蓝三部曲》《时间档案馆》及解密星座故事的《停留》《爱情宅急便》等多部微电影，明星荟萃，引人瞩目，是行业内不多的积极利用微电影营销的品牌企业之一。其中，由香港地区著名导演刘伟强执导、台湾地区郑元畅主演的微电影《时间档案馆》，大打亲情牌，影片中提到："人生就是处于不断选择之中，没有任何方式确定选择的好与坏，因为我们都只能经历一次，但假如时间是可以分岔的，假如我们能知道任何一次选择的所有可能性，那结果又会如何？"这段话揭示了影片主题，发人深思，在网络上映以来颇受好评，更是正式搬上电视银屏。

虽然微电影出现的时间并不长，但形式却多种多样，除了音乐微电影外，以系列方式呈现的微电影也颇受欢迎。台湾地区新锐演员孟耿如，继在《我可能不会爱你》中饰演"大仁妹"之后，人气高涨，陆续推出《清蜜告白》白红蓝三部系列微电影。微电影无论是以音乐的方式还是以系列的方式呈现，其能够多样化融合的优越性展露无遗。

申鹭达卫浴的董事长还发文表示，微电影营销具有与商业"联姻"的基因，它把广告变成了内容，品牌、产品通过故事和流动影像的包装传达出来。根据企业品牌需求进行完整策划和系统制作，让微电影在故事中自然地体现企业品牌特点与品牌诉求，引发观众共鸣，从而使品牌效益深入人心，是对传统营销的延续和补充。将来申鹭达卫浴还要整合微电影等资源，打造立体化的企业营销模式。

中宇卫浴推出的《幸福微梦想》系列微电影，也获得了广泛好评。这些微电影故事情节环环相扣，人物关系渐次浮出水面，在衔接性、悬疑感上吊足了观众的胃口，期待故事和人物的情感发展。再加上柔美的音乐，小清新范十足，极富故事性和感染力。

相比电视广告等传统媒体营销模式，微电影营销的性价比非常高。其传播范围之广、接受度之高以及传播成本之低，吸引了众多品牌商尝试采用微电影营销。相比传统广告，微电影更注重整体故事的构造，它通过讲述故事把品牌的诉求点或情感诉求点告诉公众，是一种将品牌故事、"病毒"视频、植入广告、系列网络剧等与商业高度融合的影片形式，而并非单纯地在画面上出现某一产品或品牌标识。

企业实现价格营销向价值营销的转变，很大程度上依赖于品牌的塑造。新媒体的病毒式传播与强大的沟通性成为品牌推广的有利武器。众多卫浴企业的微电影以及其他新媒体营销，借助新媒体传达企业文化，与消费者进行互动，扩大了品牌知名度。

第八节 明星体引发造句热潮

由两位当红明星主演的"都市偶像剧"在某卫视热播,收视率节节高升的同时,男女主人公之间痛彻心扉的爱情触动了观众柔软的内心,凄美的爱情解说词也在网上流传开来。

"邹雨在最悲伤的时候遇到了林启正,他们在最不情愿的时候爱上彼此,在最相爱的时候被迫分离。他们的爱情不是天作之合,不是一厢情愿,是不被祝福甚至阻隔重重的第三种爱情,是在悬崖绝壁上美丽绽放的绝望爱情。"独到的见解和文艺范儿十足的语言一出现,便被观众奉为"绝爱体"。比起繁杂的"甄嬛体","绝爱体"简明易懂,一时间引发无数讨论,"绝爱体"走红网络。

嗜睡症晚期患者与床版:"嗜睡症晚期患者在最黑的夜遇到了床,他们在最寂寞的时候爱上彼此,在最明亮的时候被迫分离。他们的友情不是同甘共苦,不是共同奋斗,是不被理解甚至阻隔重重的特殊情意,是在寂寞的夜里紧密贴合的革命情谊。"

病人与医生版:"病人在最痛苦的时候遇到了医生,他们在最被需要的时候爱上彼此,在最健康的时候反目成仇。他们的感情不是天长地久,不是海誓山盟,是不被世人理解甚至仇恨重重的爱恨交织的救赎与被救赎,是在冰冷的医院里彼此信任的脉脉温情。"

高考成绩出来后,考生们一年一度的填报志愿时刻到来了。

千万别报新闻学,因为一年到头没有假;千万别报医学,因为学医有风险……。在微博上,各路前辈纷纷现身,总结了众多"坑爹"专业,还罗列出了各种理由,给予考生忠告,引起了极大的关注。不过,随着"千万别报体"的走红,也有人质疑,许多网友是在跟风吐槽,会带给考生负能量。

"千万别报管理,因为当不了老板很痛苦;千万别报汉语言,因为白上四年学;千万别报法律,因为容易学出病来,说多了全是泪呀……"一组"千万别报××专业,因为××"的图片出现在微博。该组图片中,十几名网友举着的白纸上,分别罗列了十几种"坑爹"专业,以及该专业"坑爹"的理由,忠告高考学子千万不要填报。

该组图片在微博一发布就引起极大关注,众多微博用户纷纷转载、评论。"千万别报体"迅速引爆网络造句热潮,而参与这场狂欢的,要么是大学在读的学长学姐,要么是进入职场的前辈。

总的来说,网友们罗列的"千万别报体"分为三种:第一种是因为某些专业的就业、学术问题,前辈们认为四年学习只会浪费学费和光阴;第二种是因为某些专业虽好,但不一定适合个人发展;第三种则是对自身工作的吐槽,比如工作没有假,专业没有女生,等等。

"千万别报土木工程,因为你会累成狗。"24岁的小杨是一名施工员,在"千万别报体"走红时,他也忍不住给考生们忠告。

家住北部新区的小杨是某大学土木工程专业毕业的学生。"大学时候就不说了,天天都是研究各种力学,稍不注意就挂科。工作了更恼火,每天都在工地上打混凝土。"小杨说,当初高考他考了 600 多分,选来选去,觉得土木工程这个专业就业率较高,就填报了这个专业。

"就业率是高啊,工作很好找,可是工作真心累。"小杨说。更让他失望的是,工资也并没有期望的那么高。"所以,与其说是忠告,其实更多的是对工作的吐槽,确实太累了。"

这些被吐槽的"中枪"专业有保险精算、环境工程、广告设计、考古、计算机、新闻、医学等,几乎涵盖了所有的常规专业。这就产生了一个疑问,是不是所有的专业都不好找工作而备受吐槽呢?

由成都好玩一二三公司制作的《万万没想到》同名手机游戏《万万没想到大锤的觉醒》,在获得万合天宜公司的正式授权后,发布了一系列由原迷你喜剧主创拍摄的《觉醒》海报,因内容虚实结合、口号励志,引发网友造句大潮。

由白客扮演的"王大锤",在《万万没想到》剧中一直是以普通人的形象出现,他的神色表情多是迷茫的,甚至一度被网友选为迷茫代言人,调侃其为"群众式迷茫"。随着《万万没想到》同名手机游戏《万万没想到大锤的觉醒》的推出,这款以"大锤的觉醒"为呼声的手游则通过发布《觉醒》海报,引发了网友共鸣,其中"王大锤"的宣言最为引人关注,白客在剧中的小人物形象,对比其在《万万没想到》走红后所取得的成绩,显然形成了最有力的对比和说明。

有了凡人逆袭般的觉醒，网友开始发挥自己丰富的想象力，在各个层面利用"觉醒体"来反映现实。在"觉醒体"走红后，几乎所有影响力话题，都可以看到套用"觉醒体"的海报例子，有网友借"觉醒体"对其调侃，称"看到我的新欢，才会懂得我的人品"，甚至有人制作了一系列明星出轨合集，让人啼笑皆非。

"觉醒体"走红，在文案设计上可见又是一次走心之举。《万万没想到》的主创们，从默默无闻到今日的势不可当，他们的觉醒正来源于戏里戏外的不断蜕变；而对于平凡人来说，《万万没想到大锤的觉醒》同名手游以大锤的觉醒为开端，开始为平凡人点赞，也是能够唤起共鸣的根本所在。

"人生需要鼓励和动力，鼓励是学海中劈波斩浪的桨，是人生中相互依持的拐杖。一句肯定的话语，或许能让他人增加自信，重获希望，从某种意义上说，'鼓励体'拉近了人心的距离。"无疑，由明星体引发的造句热潮，为娱乐营销开启了另一片崭新天地。